DE

LA POLITESSE ET DU BON TON

MÊME LIBRAIRIE

OUVRAGES DU MÊME AUTEUR.

De la Politesse au Pensionnat. 1 volume in-18.

Les Soirées de Charité. 1 volume in-12.

Du bon Langage et des Locutions à éviter. 1 volume in-12.

Histoire de France. Un magnifique volume grand in-8°, illustré de douze dessins à deux teintes, par Louis LASSALLE.

4677-78 — CORBEIL. — Typ. et stér. de CRÉTÉ.

DE LA POLITESSE ET DU BON TON

OU

DEVOIRS D'UNE FEMME CHRÉTIENNE DANS LE MONDE

PAR

Mme LA COMTESSE DROHOJOWSKA
NÉE SYMON DE LATREICHE
Auteur du Bon Langage, de l'Histoire de France, etc., etc.

SEPTIÈME ÉDITION

PARIS
NOUVELLE LIBRAIRIE CLASSIQUE
VICTOR SARLIT, LIBRAIRE-ÉDITEUR
19, RUE DE TOURNON.
1878

INTRODUCTION.

Les faiseurs de morale ne manquent certes pas, dans notre pauvre monde, où tant de gens sont portés à se croire meilleurs que tout ce qui les entoure et à s'ériger en guides ou en réformateurs. Les donneurs d'avis ne sont donc pas chose rare; mais ce qui se voit moins souvent et ce qui, soit dit sans compliments, mérite tout éloge, c'est la gracieuse simplicité avec laquelle vous insistez pour que je reprenne en sous-œuvre les *Conseils* (1) que je vous ai adressés, afin de les compléter, ou plutôt de les développer, en ce qui concerne les usages de la bonne compagnie ou pour parler le langage du jour : le *bon ton* et les *bonnes manières*.

J'ai hésité, je vous l'avouerai, à entreprendre cette nouvelle tâche, car je croyais mes avis, à cet égard, sinon complétement inutiles, du moins superflus en ma-

(1) *Conseils à une jeune fille sur les devoirs à remplir dans le monde comme maîtresse de maison*, 1 vol. in-12.

jeure partie. — Vous avez toujours vécu, en effet, dans un monde où il suffit d'observer pour savoir ce que l'on doit faire et ce que l'on doit éviter. Vos parents, leurs amis, sont des leçons vivantes sur lesquelles vous n'avez qu'à modeler votre conduite. Voilà, mon enfant, ce que je vous ai répondu plusieurs fois déjà.

Mais vous insistez avec tant de grâce, vous savez si bien toucher en moi une fibre toujours vibrante; — le désir de vous être agréable et de mériter de nouveau les aimables remercîments que vous m'avez adressés au sujet des *Conseils*, dans lesquels vous avez trouvé, me répétez-vous, plaisir et profit, — que toutes ces raisons, que vous faites si habilement valoir, me décident à ne pas vous refuser plus longtemps.

Aussi bien, ainsi que me le faisait observer, ces jours passés, une femme d'esprit et d'expérience, beaucoup de jeunes personnes élevées dans la retraite, loin de la famille, ou privées, dès l'enfance, de la tendresse et des soins d'une mère, arrivent à l'âge d'être présentées dans le monde, sans connaître quelques-unes de ses exigences.

Façonnées par la religion et la bonne éducation à la politesse du cœur et à la bonne tenue, elles ignorent certaines prescriptions de l'usage, et cette ignorance, si excusable cependant, leur nuirait évidemment dans leurs rapports avec le monde. — Enfin, parmi celles qui possèdent *la pratique* du bon ton, beaucoup s'y soumettent en quelque sorte machinalement, sans se rendre compte même qu'il soit possible d'agir différemment, et cette ignorance d'un autre genre, bien que sans danger pour elles, deviendra un écueil lorsque, mères ou institutrices à leur tour, elles auront à diriger et à former l'éducation d'une nouvelle génération.

Ces considérations m'ont semblé de nature à rendre mon nouveau travail intéressant et utile pour vous d'abord, ma chère enfant, et ensuite pour toutes celles de vos compagnes qui, partageant votre désir de s'éclairer, voudront bien lire et étudier les lignes qui vont suivre.

Entrons donc en matière, et voyons si, après être parvenue à faire de vous une bonne et digne maîtresse de maison, je saurai vous aider à achever de devenir une femme du monde accomplie.

Nous diviserons, si vous le voulez bien, ce petit traité en trois parties distinctes :

I. Des devoirs du foyer domestique ou la femme dans son intérieur;

II. Des devoirs extérieurs ou la femme dans le monde;

III. De l'importance de la première éducation.

La dernière partie de cette division peut tout d'abord sembler ne plus vous concerner, car il y a longtemps déjà que vous avez fait l'apprentissage de la politesse et que vous possédez parfaitement l'alphabet des bonnes manières.

Votre éducation, à cet égard, n'est donc plus à faire; mais outre que tout enseignement, qui ne remonte pas à sa source et n'est pas basé sur des principes élémentaires, ne saurait avoir de résultats satisfaisants, un motif bien autrement sérieux m'engage à appuyer sur ces premières bases. La femme, en effet, a été créée par Dieu pour répandre autour d'elle la plus précieuse influence: elle est, si l'on peut ainsi parler, l'institutrice-née de l'humanité, et lorsque, après qu'elle a échangé la vie douce et facile de jeune fille contre des devoirs plus austères, Dieu la revêt du caractère sacré de mère de famille, elle devient responsable des vertus et de l'avenir de charmants petits êtres, qu'il ne tient qu'à elle de rendre bons ou méchants; car ne vous y trompez pas, mon enfant, l'homme est presque toujours ce que le fait l'éducation maternelle. Dans la prévision d'une tâche si sainte et si sacrée, n'est-il pas d'un devoir absolu de s'y préparer de longue main et de ne rien négliger dès sa jeunesse de ce qui peut plus tard contribuer si puissamment au bonheur et à la prospérité de la famille?

Ne passez donc pas avec négligence cette partie de mon livre, bien qu'elle semble s'adresser plutôt aux femmes mariées qu'à vous, mais lisez-la avec attention; elle vous apprendra peut-être plus d'une chose que vous ignoriez, bien que vous crussiez la savoir, et, dans tous les cas, je puis vous assurer qu'elle ne laissera dans votre esprit que de bonnes et salutaires impressions.

DE

LA POLITESSE ET DU BON TON

OU

LA FEMME CHRÉTIENNE

DANS LE MONDE.

PREMIÈRE PARTIE.

LA FEMME DANS SON INTÉRIEUR. DEVOIRS DU FOYER DOMESTIQUE.

La femme a des devoirs de politesse et de bienséance à remplir, soit comme maîtresse de maison, soit dans les rapports qu'elle est appelée à établir au dehors. — La différence du but qu'elle doit se proposer dans ces deux cas, m'a semblé assez marquée pour justifier la division que j'adopte ici. En effet, chez elle, une femme devient le centre où tout aboutit ; non-seulement il lui est impossible de s'effacer comme action, mais il n'appartient qu'à elle, — et c'est un de ses devoirs les plus incontestables, — de donner l'impulsion et l'élan à tout ce qui l'entoure, aussi bien aux étrangers que le hasard réunit un instant à son foyer, qu'aux membres de la famille dont elle est l'âme et la vie.

Au dehors, au contraire, la femme bien élevée ne doit jamais chercher à se mettre en scène ; son plus grand soin doit être de s'effacer aussi complétement que possible. Il faut qu'on devine son esprit, son mérite ; esprit et mérite ne lui sont même accordés qu'à condition qu'elle aura cherché à les soustraire à l'attention. L'empressement qui sied si bien à une maîtresse de maison serait presque de la hardiesse hors de chez elle ; la peine excessive qu'elle doit prendre pour soutenir la conversation passerait pour de la suffisance et de la prétention à l'esprit.

Chez elle, elle s'occupera sans relâche de ses hôtes ; elle ne craindra pas d'imposer ses prévenances et ses attentions ; elle sera tout yeux et tout oreilles, elle se fera toute à tous, s'efforçant de mettre ses invités à l'aise, se montrant gaie, prompte à la répartie, prévenante, empressée. Elle saura prévenir par un coup d'œil, un geste, une parole, toute tendance à une conversation médisante ou peu convenable ; elle saura faire ressortir l'esprit des uns, dissimuler la sottise des autres, ménager les faiblesses de chacun, et arriver à ce résultat si rare et si difficile, que personne ne la quitte sans être satisfait de soi et enchanté d'autrui.

Mais, dans le monde, cette même femme se souviendra de cette réponse d'un philosophe de l'antiquité, auquel on demandait quelle était la femme la plus vertueuse : « C'est, dit-il, celle dont on parle le moins. » Et déposant avec un soin jaloux le rôle actif qu'elle sait au besoin si noblement remplir, elle ne cherchera à se mettre en avant, sous aucun prétexte, à moins cependant que l'amitié et la charité ne lui fassent un devoir de venir au secours de la maladresse d'une amie, d'une parente, en lui aidant à faire les honneurs du chez soi.

Mais je m'aperçois que, tout ceci devant trouver place dans le détail des conseils que j'ai à vous donner, je m'expose à faire double emploi. — Entrons donc sans plus tarder en matière.

I

DU CHEZ SOI.

CHOIX D'UN APPARTEMENT.

Nos maisons sont nos prisons, dit un vieux proverbe, et certes, c'est surtout pour les femmes que cet adage doit être exact, si par prison on entend le lieu où l'on se sent enchaîné par des liens si chers qu'il devient difficile de les rompre ; mais si à ce mot de prison on attache une idée de force et de tristesse, oh ! alors, le proverbe se trompe, pour beaucoup, je l'espère, de mes lectrices, pour toutes celles du moins qui trouvent avec moi que rien n'est bon comme le *chez soi*, ce doux foyer de la famille où le cœur s'épanche, où l'âme grandit et se développe, où l'on vit dans ceux et pour ceux que l'on aime.

« Nos bons aïeux se logeaient dans des maisons étroites et sombres ; l'escalier était tortueux et grossier ; les vitres petites, enchâssées dans du plomb, ne laissaient pénétrer dans les appartements qu'un jour terne et douteux ; on ignorait l'art du parquetage, et la cire ne rendait pas encore luisantes les briques grossières dont les planchers étaient couverts. »

Et cependant nos aïeux étaient heureux dans ces tristes demeures ; ils y trouvaient un paradis continuel, parce que la piété, le contentement de la position, la simplicité des mœurs, et les saintes affections de la famille y habitaient avec eux, éclairant les murs noirs d'un brillant et céleste reflet. Ce n'est pas cependant que je veuille, ma chère enfant, vous ramener à la simplicité rustique d'il y a trois ou quatre siècles ; non, certes, nous sommes à une autre époque, et comme vous, j'admire et j'apprécie les progrès croissants de l'industrie et du confortable, et je n'en veux nullement à l'art d'avoir, grâce à sa baguette créatrice, tout transformé autour de nous. Je trouve très-avantageux « que les maisons des plus simples particuliers soient devenues commodes, gaies, propres, élégantes même ; que les besoins de la sociabilité, en nous forçant à nous produire parfois au dehors, nous aient mis aussi dans le cas de recevoir à chaque instant une visite et aient dès lors exigé, comme un devoir inspiré par la société, un arrangement et une propreté continuels. » Mais ce que je voudrais, c'est que dans ces charmantes cages peintes et si bien ornées où elle passe au moins les trois quarts de son existence, chaque femme sût introduire ce pur et céleste reflet que nos grand'mères savaient faire arriver jusqu'au centre de leurs sombres et austères demeures. J'y voudrais voir de véritables *maîtresses de maison, de sages mères de famille* et non pas de ces brillants oiseaux qui, ne sachant que faire admirer leur voix et vanter leur plumage, osent s'ennuyer dans le calme du *chez soi*, comme si Dieu et la famille, ce n'était pas assez pour remplir un cœur de femme.

Mais revenons au *chez soi* proprement dit. Si vous avez à choisir un appartement, la convenance, la commodité, l'économie, l'hygiène doivent être également consultées. — J'ai souvent entendu dire par des personnes versées dans l'économie domestique que le prix du loyer ne devait jamais dépasser un dixième du revenu. Ce calcul, fort sage, ce me semble, ne peut cependant servir de base qu'en province ; à Paris et dans quelques grandes villes, les familles qui n'ont qu'une fortune moyenne sont forcées souvent de dépasser de beaucoup ce chiffre. — Dans la disposition du salon et de la salle à manger ou de ce qu'on appelle les pièces de réception, on doit tenir compte de l'approbation et quelquefois de la position des amis et des visiteurs que l'on aura à recevoir. — Mais pour la chambre à coucher, le cabinet de travail, la cuisine, l'office, les dépendances, on doit chercher avant tout à réunir toutes les conditions nécessaires de salubrité et de commodité et s'attacher à diminuer, autant que possible, les difficultés et les fatigues du service.

De tous les aspects, le plus favorable est le levant. Les premiers rayons du soleil purifient l'air qui les reçoit, et le vent d'est est le plus sain... « Vient ensuite l'exposition au midi qui dans nos climats tempérés est encore salutaire ; on peut y redouter en été l'excès de la chaleur, mais il est aisé de s'en garantir en fermant hermétiquement les fenêtres et les volets. Combien, d'ailleurs, n'est-on pas dédommagé de ce court inconvénient dans les autres saisons de l'année ? Au printemps et en automne on y jouit d'une douce température, et, même en hiver, on y éprouve un froid moins âpre qu'à toute autre exposition. — Il vient de l'ouest des vapeurs humides nuisibles à beaucoup de tempéraments, et le nord qui amène un air sec et cru ne peut convenir qu'à certaines complexions. »

Mais, direz-vous peut-être, qu'importe de trouver un peu plus ou un peu moins de froid dans un appartement ; un grand feu ne supplée-t-il pas à la chaleur du soleil ? — En cela vous partagez une opinion assez commune, mais qui n'en est pas moins une erreur : le feu des cheminées, comme celui des poêles, ne s'entretient qu'aux dépens de l'air respirable qu'il absorbe et dénature, tandis que les rayons solaires, au contraire, purifient l'air et le renouvellent à la fois.

Encore une objection : — Chaque habitation a plusieurs aspects et de toute nécessité il faut se loger à tous. — Assurément, mais n'est-il pas presque toujours possible de faire passer l'hygiène avant certaines exigences d'amour-propre ou de luxe, et de réserver les pièces les mieux exposées pour les chambres à coucher?

« Tout le monde sait, et chacun répète que rien n'est plus dangereux pour la santé que d'habiter une maison nouvellement construite, et cependant à Paris, les étages inférieurs sont souvent habités avant même que la maison soit achevée de couvrir. » — Si votre famille voulait s'exposer aux graves accidents qui peuvent résulter de cette imprudence, tâchez par votre influence de l'en détourner, et si vous êtes maîtresse de maison, employez même tout ce que vous possédez d'autorité pour vous y opposer, surtout si vous avez auprès de vous des vieillards, des enfants jeunes, ou des tempéraments délicats.

Mais si le choix d'un appartement est si important pour la santé et le bien-être, sa distribution intérieure, sa propreté et son ornementation ne sont pas moins essentielles.

DISTRIBUTION INTÉRIEURE. — PROPRETÉ.

« En principe, dit l'auteur que nous avons déjà cité, pour être sain, il faut qu'un appartement soit élevé et suffisamment spacieux. Dans ces entre-sols si bas que la tête touche presque au plafond, dans ces combles lambrissés, où l'on entre à peine sans se baisser, l'air est incessamment altéré par la respiration. Les appartements élevés sont plus froids, il est vrai, mais alors que les autres abrégent la vie, ils l'entretiennent et la prolongent.

« Toute pièce où l'on couche doit avoir un jour direct. Lorsque ce jour est pris sur une autre pièce ou sur un escalier, il ne donne pas assez d'accès à l'air extérieur. Les alcôves, les chambres, les cabinets obscurs sont malsains. La lumière est un principe vivifiant.

« Il faut nous rendre cette justice de dire que nous sommes aujourd'hui plus soigneux de la propreté de nos maisons qu'on ne l'était autrefois. Le luxe et la magnificence des palais de Louis XIV n'empêchaient pas qu'ils fussent fort mal tenus sous le rapport de la propreté (1). Quelques progrès cependant que nous ayons faits, nous sommes loin d'égaler sous ce rapport les Belges, nos voisins. Pauvres ou riches, chez eux, tiennent également à honneur de voir tout ce qui leur appartient propre, soigné, luisant : le pavé des chaumières, le parquet des hôtels, le marbre des palais, sont également lavés, séchés et frottés chaque jour ; les vestibules, les corridors, les escaliers sont nettoyés avec autant de soin que l'intérieur des appartements (2), et cette recherche tourne également au profit de l'agrément de la vie et du maintien de la santé. »

Prenez dès votre jeunesse l'habitude d'une exacte propreté, exigez-la de vos domestiques et donnez-leur-en

(1) Le Roi et Monsieur, — dit la princesse Palatine dans sa correspondance, — étaient habitués dès leur enfance à la saleté de l'intérieur des maisons ; on sait qu'ils ne croyaient pas que cela pût être autrement.

(2) On raconte que l'empereur Charles-Quint, traversant un village de Hollande, témoigna à l'un des notables du lieu le désir de voir l'appartement de sa femme. Le brave homme pria Sa Majesté impériale d'attendre qu'il en eût obtenu la permission. Il court vers sa femme et lui communique le désir de l'empereur ; celle-ci hésite un moment et s'écrie enfin : *Non, il ne voudrait pas se déchausser.* — En Hollande, les femmes ont une telle attention à garantir leur chambre particulière de tout ce qui pourrait la salir, qu'une personne venant du dehors n'y est point admise avec ses souliers.

Bien que la propreté soit une vertu que je ne saurais trop vous recommander, je ne vous engagerai pas cependant à la pousser à ce point. Nos qualités doivent nous rendre sociables et faire le bonheur de ceux qui nous entourent ; c'est donc dépasser le but que d'en faire un motif de contrainte pour autrui.

l'exemple. Un point essentiel est de mettre de l'ordre et de la méthode dans les soins d'une maison, de faire faire chaque chose à jour et à heure fixes, s'astreignant soi-même aux petits ennuis du moment que peut occasionner cette régularité. — Ainsi, par exemple, il est d'une bonne administration intérieure que les appartements soient faits le matin, et vous avez réglé, je suppose, que votre chambre à coucher devait être faite avant dix heures. Eh bien! vous devez ne point contrevenir vous-même à cet ordre établi, soit en vous levant tard, sans motif suffisant de santé ou de fatigues extraordinaires, soit en prolongeant vos occupations personnelles dans votre chambre. — Soyez bien convaincue que si vous ne donnez l'exemple de l'exactitude, personne ne se mettra en peine de se contraindre autour de vous, et que tout ira mal, si l'on n'apprend de vous-même la ponctualité à chaque chose.

DE L'ORNEMENT D'UNE MAISON.

Je terminerai ce chapitre, plus important qu'on ne pense, par quelques conseils sur l'art d'orner, d'embellir le *chez soi*, sur cette élégance qui donne tuat d'attraits à l'intérieur d'une femme, lorsqu'elle sait joindre les avantages d'un goût délicat et distingué au désir de procurer à ceux qu'elle aime autant de bien-être et de confortable que peuvent le lui permettre sa fortune et ses loisirs ; — et enfin sur les dangers, l'abus du luxe et aussi sur ses avantages, quand on sait le régler par l'amour du beau et le sentiment de l'art.

j'emprunterai en majeure partie ces deux paragraphes AUX DÉLASSEMENTS PERMIS AUX PERSONNES PIEUSES APPELÉES A VIVRE DANS LE MONDE, par le Père Huguet, un des meilleurs ouvrages qui aient été écrits pour les femmes chrétiennes depuis bien des années.

« Dans la disposition et l'ornement de sa maison, dit-il, une personne pieuse doit moins chercher son agrément particulier que ce qui peut plaire ou être utile aux autres.

« L'homme, dit M. Charles de Sainte-Foi, ne peut que bien rarement se soustraire aux influences qui l'entourent ; presque toujours, il reçoit quelque chose de tout ce qui frappe ses sens.

« La maison d'une femme sérieuse et chrétienne ne doit donc pas, dans ses arrangements intérieurs, ressembler à celle des autres personnes.

« La maison est en quelque sorte l'enseigne de celui qui l'habite, et chacun en y entrant doit en pouvoir reconnaître l'hôte. Ayez dans votre maison, mais particulièrement dans les appartements destinés à recevoir des visiteurs, quelque chose qui leur indique quels sont vos convictions, vos goûts, vos habitudes, votre caractère ; qui leur fasse comprendre à la première vue ce qu'ils peuvent se permettre et ce qu'ils doivent s'interdire ; ce qu'ils peuvent dire et ce qu'ils doivent faire. Un crucifix et quelques images pieuses dans votre chambre à coucher, près de votre lit ; quelques tableaux religieux dans votre salle à manger ; dans le salon une belle collection de gravures ou de bronzes reproduisant avec fidélité les plus beaux ouvrages des grands artistes chrétiens, seront pour tous ceux qui vous visiteront une indication suffisante de ce que vous êtes.

« Jamais un homme irréligieux ou léger n'osera se permettre un propos inconvenant devant un crucifix ou toute autre image pieuse, placée de manière que l'on puisse comprendre en la voyant que ce n'est pas seulement l'amour du beau qui l'a fait mettre là, mais que ce n'a été pour vous que le moyen de rendre plus sensibles et plus pénétrantes les impressions que vous recherchez pour votre âme.

« On ne sait pas assez quelle influence exerce sur la conversation une œuvre d'art, une gravure ; c'est un livre, mais un livre toujours ouvert, un livre intelligible pour tous, même pour les âmes les plus simples ; or, si le lecteur d'un livre intéressant et sérieux soutient la conversation, l'empêche de dégénérer et de devenir frivole ou triviale, peut-on croire que la vue d'une belle lithographie, qui rappelle quelque sujet religieux, ne produise pas un effet semblable ? Cet effet sera souvent d'autant plus sûr qu'il paraîtra moins calculé, car lorsqu'on vient nous voir, nous ne pouvons pas préparer la lecture de quelques passages d'un livre intéressant, tandis qu'un tableau reste toujours suspendu à la muraille et exposé aux regards. De quelque disposition que l'esprit soit animé relativement au sujet qu'il représente, s'il a quelque mérite comme œuvre d'art, il est bien difficile qu'on n'en soit pas frappé, qu'on ne s'en entretienne pas. Or, est-il impossible que le cœur passe de l'admiration de la forme à l'amour du sujet et que l'imagination une fois séduite entraîne l'intelligence ? Dieu ne s'est-il pas servi souvent pour convertir une âme de moyens plus disproportionnés encore en apparence avec le but qu'il se proposait ?

« C'est dans le même dessein qu'il est bon d'avoir sur sa table quelques livres sérieux ou quelques albums et quelques brochures qui puissent indiquer à ceux qui vous visitent la direction habituelle de vos pensées, leur donner en quelque sorte l'adresse de votre esprit et attirer la conversation dans un cercle d'idées plus large, plus élevé que celui où elle se perd habituellement. Tous ces moyens, quelque petits qu'ils puissent paraître, ne doivent cependant pas être oubliés. »

DU LUXE DANS LES APPARTEMENTS ET DE LA VÉRITABLE ÉLÉGANCE.

A ces paroles si sages j'ajouterai, ma chère enfant, quelques conseils plus particuliers encore sur la disposition et la tenue de votre maison. Efforcez-vous, autant que votre position et votre entourage vous le permettront, — car en cela comme en beaucoup de choses qui ne sont pas des préceptes absolus, l'essentiel est de ne pas froisser les désirs d'un père, les goûts d'un mari, — efforcez-vous, dis-je, de bannir de votre maison tout ce qui ressemble à ce luxe à effet qui tient à la valeur intrinsèque, au prix des objets plutôt qu'à leur beauté véritable. Sachez bien que le bon goût réside dans l'amour de la simplicité, de l'harmonie, de la grâce, et que rien ne lui est plus opposé que le clinquant d'une part et l'étalage de la richesse de l'autre. Soyez donc modeste dans votre mobilier, comme vous devez l'être dans votre mise, afin que l'un et l'autre avant de dire : C'est une femme riche, aient convaincu quiconque vous voit que vous êtes une femme *comme il faut*, élégante, sans prétention, simple et modeste.

Est-ce à dire que la religion, sous ma plume, veut se faire ici l'ennemie des arts et de l'industrie? — A Dieu ne plaise, ma chère enfant, que je prétende proscrire de votre maison un luxe raisonnable et bien entendu. Ce que je veux seulement, c'est vous persuader que le goût du *riche* n'est pas le goût du *beau*, et que le second seul doit être admis autour de vous, parce que seul il dénote une intelligence d'élite développée par une éducation parfaite..... Mais à propos de la distinction à faire entre le luxe bien entendu et le luxe blâmable, laissez-moi vous faire profiter encore de la délicate distinction établie avec autant d'esprit que de vérité dans l'ouvrage que je vous citais tout à l'heure.

« La religion applaudit à toutes les belles choses que Dieu inspire au génie de l'homme ; elle les bénit tous les jours, elle les protége, en maintenant l'ordre et la paix. — Ce qu'elle n'aime pas, c'est le luxe tout personnel, tout sensuel, tout vaniteux ; le luxe qui raffine sans cesse, qui se crée chaque jour des caprices, dont il fera demain des besoins toujours croissants ; le luxe qui se croit noble quand il éblouit, qui met la splendeur dans le brillant, la beauté dans la parure ; le luxe enfin, qui fait au moins autant de mal chez les pauvres que parmi les riches, et qui, bien loin de distinguer les rangs, tend à les confondre dans un éclat faux, monotone et sans harmonie. C'est là qu'elle voit des ruines, et c'est pour conjurer le péril, chaque jour plus grand, qu'elle redit à tous : Enfants des hommes, jusques à quand serez-vous fascinés par des riens et captivés par la séduction de la bagatelle... ! Femmes chrétiennes, ne cherchez point à vous distinguer des autres par les choses extérieures et accidentelles, qui n'ajoutent rien à la valeur réelle de votre personne.

« Que votre ameublement soit simple et convenable en même temps, — que la matière en soit commune, mais que la forme en soit gracieuse et distinguée ; que tout soit de bon goût et rappelle l'idée de cet ordre, de cette harmonie que l'esprit cherche en toutes choses, parce que Dieu en a fait un de nos besoins les plus profonds. L'homme doit, en un certain sens, imiter le Créateur qui a fait tout de rien et qui, avec les matières les plus communes, produit chaque jour les effets les plus merveilleux. — Les œuvres de Dieu se distinguent toutes par la médiocrité de la matière et la beauté de la forme. Ce n'est ni avec l'or, ni avec l'argent qu'il a préparé le tissu si gracieux du lis des champs, dont les vêtements de Salomon dans sa gloire n'ont jamais pu atteindre la beauté et l'éclat.

« Imitons Dieu, et que la principale valeur des objets dont nous nous servons leur vienne de la perfection que vous leur donnerez. Votre luxe n'aura rien de choquant pour les pauvres, rien d'inquiétant pour votre conscience, rien de funeste pour votre esprit ; mais il tournera, au contraire, à l'avantage des ouvriers dont le travail aura donné à ces objets tout leur prix, et au perfectionnement de votre intelligence, en entretenant en vous cette pureté, cette délicatesse de goût, si rare aujourd'hui, et ce sentiment du beau si précieux, et dont on peut tirer tant de profit pour la direction morale de la vie, car il y a un grand rapport entre le beau et le bien. Platon définissait le beau : la splendeur du bien. Et comme le vrai et le beau sont identiques, on peut comprendre par quels liens intimes l'amour du bien et le goût du beau sont unis dans l'âme, et quels secours mutuels ces deux sentiments doivent se prêter. Plus d'une fois le spectacle du beau a suffi pour éveiller l'amour du bien dans une âme que le vice avait flétrie ; et en accoutumant les sens à percevoir ce qui est laid ou grossier, on dispose le cœur à aimer ce qui est mauvais. »

Voyez, mon enfant, par quels liens imperceptibles tout s'enchaîne dans notre vie, à ce point que rien ne saurait nous demeurer indifférent. Vous ne vous étiez peut-être jamais rendu compte de l'importance de ces détails d'intérieur, qui vous apparaissent tout d'un coup sous un aspect si grave et si sérieux ; vous ne vous doutiez pas de l'influence sur vous-même et sur tout ce qui vous approche, de la forme de vos meubles, du choix de vos tentures, du plus ou moins d'ordre et d'arrangement d'une pièce. Et cependant combien de fois n'avez-vous pas ressenti vous-même les heureux effets de cette influence. Ne vous est-il jamais arrivé, en attendant, dans l'humble parloir d'un couvent, une religieuse que vous alliez visiter, de vous dire à vous-même : Qu'on est bien ici, quel calme, quelle paix ! D'où provenait cette impression, si ce n'est de l'arrangement méthodique du parloir, avec ses simples chaises de paille, son plancher souvent raboteux, mais toujours si net, ses murs blanchis et ornés de quelques touchantes images ou de quelques pieuses sentences. En présence de cette austère simplicité, votre cœur comprenait d'instinct que là venaient mourir les besoins et les exigences du monde, pour faire place à la tranquillité, au désintéressement et à l'égalité de la vie religieuse..... L'aspect grandiose des appartements, tels que les aimaient nos aïeux, ne vous a-t-il pas, en visitant quelque antique château, inspiré tout à coup des idées nobles et graves et révélé les mystères de cette vie de dévouement, d'amour et d'exaltation patriotique et religieuse que les mœurs frivoles de notre époque ne connaissent plus ? Enfin, parmi vos amies, n'en est-il pas dont le *chez soi* vous convie à la joie, au bonheur, au repos, selon le caractère qui y domine ?

Ah ! puisqu'il est si facile de lire vos habitudes et votre vie dans tout ce qui vous entoure, faites en sorte, ma chère enfant, que tous vos meubles puissent être indiscrets à l'aise, et que quiconque veut les interroger, le puisse faire sans qu'aucune de leurs réponses vous soit jamais défavorable.

Que le plus grand ordre, que la propreté la plus

stricte règnent toujours chez vous. Je me suis toujours souvenue d'une inscription qui, dans ma première enfance, frappa vivement mon esprit, en visitant une salle d'école. L'instituteur avait fait imprimer en gros caractères, sur le mur, cette sentence : *Une place pour chaque chose et chaque chose à sa place ;* je ne l'aie vue que cette fois, mais elle s'était si bien gravée dans mon souvenir qu'elle y est toujours demeurée présente. — Conservez-la aussi, mes enfants, et faites-en la règle de votre conduite.

Ne souffrez jamais de dérangement, pas même dans votre cuisine ; — veillez à tout, et si vous ne pouvez être partout à la fois, du moins que vos domestiques sachent bien que vos yeux sont ouverts et qu'à tout moment ils peuvent attendre votre venue ; mais n'exigez d'eux que ce dont vous donnez l'exemple, et ne craignez pas de ranger vous-même : — ainsi, traversez-vous un salon, une chambre où les meubles sont en désordre, remettez-les en place au lieu de sonner une femme de chambre ; que votre amour de l'ordre ne fasse pas de vous un insupportable tyran domestique ; surtout n'exposez pas vos gens à casser ou à abîmer des objets de prix.

Si vous suivez la manie actuelle d'étaler dans votre appartement une foule de ces riens qui se groupent sur une étagère, sachez vous astreindre à en prendre soin vous-même, ou attendez-vous à quelque maladresse, et prenez le parti d'avance de ne rien dire, quoi qu'il arrive. Mais si vous êtes sobre d'ornements luxueux, en revanche montrez-vous prodigue de ces embellissements qui indiquent la présence et les soins d'une femme et réjouissent la vue et le cœur. Employez vos loisirs à exécuter quelques-uns de ces jolis ouvrages qui complètent si bien la décoration d'un appartement, — quelques coussins de tapisserie, des vide-poches, des bobèches, un lambrequin de cheminée, un tapis de mousse émaillé de fleurs en laine..... qui tous les jours diront à vos parents que vous pensez à embellir leur demeure, et indiqueront à vos amis que, toujours active et laborieuse, c'est au travail que vous avez recours pour charmer vos loisirs.

Un autre ornement mille fois plus radieux et plus beau vous sera fourni par la nature, je veux parler des fleurs que vous ne sauriez prodiguer chez vous avec trop de profusion, soit en les groupant en bouquets sur les cheminées, sur les consoles, soit en les disposant en vases dans des jardinières ; vous donnerez ainsi de la fraîcheur et de la vie à votre intérieur que tous vos efforts doivent tendre à rendre agréable et précieux à votre famille. — Ce sera pour vous une source de jouissances véritables ; vous apprendrez à admirer les dons de Dieu, vous vous créerez des amis dans vos fleurs. — Ce sera l'objet de plaisirs inconnus, d'études nouvelles, car ainsi que l'a dit un spirituel critique, que nous aurons occasion de citer plusieurs fois dans ce petit ouvrage :

« Il est impossible que vous n'aimiez pas les fleurs, impossible que vous n'ayez pas quelquefois le désir de soulager celles qui jaunissent, se fanent et meurent dans vos jardinières ; mais pour cela il faut apprendre un peu, car l'eau qui sauvera l'une en humectant son pied, sera mortelle pour l'autre et la noircira. — Le tussilage, l'héliotrope d'hiver, meurt de ce qui fait fleurir le camélia, — de la chaleur de vos appartements.

« Ne s'attacherait-il pas quelque chose qui tiendrait de l'amitié à la plante qui fleurirait chez vous pour la seconde fois ? — à celle qui vous devrait ses éclatantes couleurs et ses suaves parfums ? — On aime ceux à qui l'on fait du bien..... Cette fleur que j'ai soignée, cette plante qui se penchait faible et languissante, à laquelle j'ai rendu la vie et la santé, ce n'est plus une plante, une fleur, c'est ma fleur et ma plante à moi..... Créer des fleurs, — c'est le seul ouvrage pour lequel Dieu accepte des collaborateurs. — L'art de créer des fleurs ! quelle douce joie, s'il naissait une plante nouvelle semée par vous, — une plante qui n'existerait que dans votre jardin, — dont personne ne verrait les couleurs et ne respirerait les parfums que ceux à qui vous les donneriez, comme Dieu a donné les autres plantes à tout le monde !..... Mais sans être si ambitieuse, sans demander à la nature des fleurs pour vous seule, aimez celles de tout le monde ; les plus communes et les plus simples sont souvent les plus belles ; cultivez-les avec soin, avec affection, afin que ceux qui vous aiment, en sachant qu'elles vous doivent l'existence, les trouvent plus parfumées et plus brillantes. »

II

DES RÉCEPTIONS.

DES VISITES.

Nous nous occuperons ailleurs des occasions que vous pouvez avoir de faire des visites et des devoirs qui en résultent. Ici nous avons à traiter de la manière dont vous devez recevoir celles qui vous sont faites.

Une visite étant toujours un témoignage de politesse, vous devez, quelque ennui que puisse vous causer l'arrivée d'un visiteur, vous montrer reconnaissante et flattée de sa démarche et l'accueillir par quelques mots bienveillants et gracieux. — Lorsque des fauteuils n'ont pas été disposés d'avance autour de la cheminée, vous avez soin qu'un siége lui soit avancé par le domestique qui l'a introduit, ou bien vous faites un mouvement pour l'avancer vous-même, mouvement que le visiteur doit prévenir en s'emparant aussitôt du fauteuil ou de la chaise le plus à sa portée.

Vous n'abandonnerez votre fauteuil ou votre chaise au coin de la cheminée, que dans le cas où, le coin opposé étant déjà occupé par une personne qui le conserve, vous auriez à ménager l'âge ou la santé délicate du nouvel arrivant. — Une maîtresse de maison ne quitte pas non plus la place qu'elle occupe sur son canapé, mais elle engage à s'y asseoir près d'elle la personne pour qui elle veut avoir une attention spéciale.

L'usage, pour un homme, de remettre son chapeau dans un salon quelconque, ne saurait être admis dans la bonne compagnie, et dire à un visiteur *de se couvrir*, à moins que ce ne soit dehors, est un manque de tact. — Il peut arriver cependant que vous habitiez des villes et que vous receviez un monde, où par exception cette coutume soit admise ; dans ce cas la *vraie politesse* est de songer à avoir cette prévenance pour tout homme d'un certain âge qui se présenterait chez vous. — Vous exposeriez votre visiteur, en vous montrant stricte observatrice de l'usage, à contrevenir à ses habitudes et à prendre mal, et vous courriez en sus le risque de passer pour une femme fière, hautaine et qui serait fort peu occupée du bien-être et du besoin de ses hôtes.

Un homme bien élevé gardera son chapeau à la main ; si c'est une visite de cérémonie, vous ne vous en occuperez pas, c'est dans l'ordre ; mais si cette visite d'affaire ou d'intimité doit se prolonger, vous ne négligerez pas de le débarrasser de cette gêne en l'engageant à le déposer sur un meuble que vous désignerez par un geste en prenant garde que ce soit partout, excepté sur un lit, ce qui serait tout à fait inconvenant. — Pour les grands-parents, les vieillards, vous prendrez vous-même le chapeau et vous vous montrerez heureuse de leur rendre ce léger service.

Si le domestique a négligé de placer un tabouret ou un coussin sous les pieds des dames qui vous visitent, vous prendrez ce soin vous-même.

Beaucoup de gens craignant les courants d'air, vous aurez la plus grande précaution à cet égard; car il ne s'agit pas là d'une simple manie, mais d'un danger sérieux, et vous devez contraindre vos goûts personnels, vous priver de l'air que vous aimez et qui vous est favorable, plutôt que de courir le risque qu'un hôte souffre chez vous. — Quelques femmes s'imaginent qu'il suffit, dans ces occasions, de demander à la personne qu'on reçoit si l'air l'incommode; elles ne réfléchissent pas que par politesse, par complaisance et quelquefois par timidité, on se croit obligé de répondre par la négative, au risque de pester tout bas contre l'indiscrète question et de sortir d'une visite où l'on croyait trouver du plaisir, avec un rhumatisme ou une névralgie.

La nécessité de soutenir la conversation fera l'objet d'un autre article; mais ici je veux placer un mot sur la discrétion à apporter dans les demandes que vous adresserez. — Soyez non-seulement d'une extrême réserve, de façon à ne jamais embarrasser personne, mais encore, ayez l'oreille attentive à tout ce qui se dit, ayez l'œil ouvert sur tous les visages, et s'il arrivait que l'indiscrétion d'un tiers devînt embarrassante à quelqu'un, hâtez-vous de détourner la conversation et l'attention, dussiez-vous pour cela enfreindre une des premières lois de la politesse en coupant la parole à l'indiscret interlocuteur. — L'exercice de la charité est la plus impérieuse des politesses. Vous ne devez jamais souffrir qu'elle soit violée chez vous. — Ce que je dis de l'indiscrétion est applicable à la calomnie et à la médisance, sous quelque forme doucereuse et presque bénigne qu'elles se présentent.

J'ai connu une femme, d'assez médiocre esprit cependant, qui était aimée et recherchée partout. Tout le monde faisait son éloge, vantait sa maison, et l'on pouvait dire en toute certitude qu'elle n'avait jamais eu un ennemi. Savez-vous son secret? — Sa piété bien entendue l'avait portée à être toujours indulgente pour les défauts et les faiblesses d'autrui, pour tous, excepté un seul, la médisance : quelqu'un voulait-il parler d'un absent en sa présence, pour le blâmer ou le critiquer, elle ne s'arrêtait pas à le défendre, ce qui quelquefois amène l'opposé de ce qu'en attendait le charitable avocat, en donnant, par la discussion, de l'importance à un propos qui eût passé inaperçu ; mais avec un sourire si ravissant qu'il atténuait le piquant de la leçon : — Faisons mentir, disait-elle, le proverbe qui dit que les absents ont tort, et si nous ne voulons ou ne pouvons leur donner raison, tâchons du moins de les oublier. — Puis avec un tact qui étonnait ceux qui, connaissant le peu de portée ordinaire de son esprit, ignoraient combien sont puissantes et fécondes les inspirations du cœur, elle donnait un tour si enjoué à la conversation que l'interrompu lui-même ne tardait pas à lui savoir gré de l'avoir arrêté à temps.

Reconduisez la personne qui vous visite jusqu'à la porte d'entrée de votre appartement, tenez la porte ouverte et suivez-la des yeux jusqu'à ce qu'elle se soit retournée pour vous faire un dernier salut d'adieu. — Pour un homme, vous vous bornez à l'accompagner jusqu'à la porte de votre salon qu'il referme sur lui, sans permettre, quelle que soit la supériorité de sa position sociale, que vous alliez plus loin.

Une nouvelle visite survient-elle et la personne présente se lève-t-elle pour se retirer, vous pouvez insister pour la faire demeurer, à moins que vous ne deviez un témoignage tout particulier de respect à la dernière arrivée, auquel cas vous ne quittez pas l'appartement, et quelquefois pas même votre place pour conduire celle qui se retire, vous bornant à vous lever pour saluer. Si au contraire il y a égalité de position, vous vous excusez auprès de la personne que vous laissez un instant seule, pour accompagner l'autre dans toutes les règles.

Un père, un mari, un maître de maison enfin, peut, à une visite que reçoit sa fille ou sa femme, les suppléer en accompagnant les visiteurs qui se retirent. — Le bon ton veut qu'il offre son bras aux femmes et les accompagne la tête nue jusqu'à leur voiture ou jusqu'au bas de l'escalier. — Cette politesse est parfois gênante ; mais un homme véritablement poli ne s'en dispense guère. — A Paris cependant et dans les grandes villes où l'on n'habite pas seul une maison, l'escalier devient en quelque sorte quelque chose comme une rue, un passage, et cette politesse est moins obligatoire.

Tout cela peut sembler au premier coup d'œil bien méticuleux et assez peu important, et cependant, dans le monde, une infraction à ces petites formalités, envers les étrangers surtout (en général plus sévères que nous, sous le rapport de l'étiquette) peut amener dans certains cas d'assez graves inconvénients. Un exemple emprunté au spirituel M. Hoffmann vous en donnera la preuve.

« Quand le comte Davaux, fut nommé plénipotentiaire au congrès de Munster, pour la paix de Westphalie, les affaires commençaient à prendre une bonne tournure, lorsqu'une visite reçue d'une manière incorrecte vint tout déranger et prolongea la guerre de plus de six mois. M. Contarini, ambassadeur de Venise, étant venu faire sa visite officielle au comte Davaux, ne fut reconduit par l'ambassadeur de France que jusqu'à l'escalier, sans que le comte descendît une seule marche. Le fier Vénitien fut si indigné de ce manque d'égards qu'il prit immédiatement la poste et alla porter ses plaintes à son gouvernement. Venise, quoique déchue, était encore superbe alors, et elle déclara qu'elle ne renverrait son ambassadeur au congrès que quand on aurait réglé les honneurs qui lui étaient dus. La France était lasse de la guerre et, après de grandes négociations, pendant lesquelles on tuait bien des hommes et on brûlait bien des villages, le roi ordonna au comte Davaux de satisfaire pleinement la pointilleuse vanité de M. Contarini. Celuiet revint triomphant, fit sa visite au comte, qui le reconduisit jusque sur le seuil de la porte cochère, y resta jusqu'à ce que le Vénitien fût monté dans sa voiture et le salua profondément quand la voiture eut tourné. M. Contarini rendit alors gravement le salut, car tous les mouvements étaient stipulés dans l'ultimatum de Venise. »

On n'est plus aussi pointilleux à notre époque ; néanmoins l'étiquette, qui est toujours une des branches importantes de la diplomatie, ne saurait être négligée dans les rapports de société. Ceux-là mêmes qui feignent de la tourner en ridicule, lorsqu'il s'agit pour eux de s'éviter quelque contrainte, se montrent souvent les plus exigeants, lorsque la question changeant de face, ce sont les autres qui peuvent pouvoir se dispenser des témoignages d'égard ou de respect qu'ils leur doivent. — Il est de bon goût d'ailleurs de ne pas laisser apercevoir sa susceptibilité à cet égard, et quelque juste qu'elle puisse être, on met une sorte d'amour-propre à ne point l'avouer ; mais on n'en a pas moins été vivement blessé pour cela ; et il serait impossible de calculer combien de refroidissements, de haines se manifestent journellement sous les plus spécieux prétextes et n'ont pas d'autres motifs qu'un froissement d'amour-propre.

Mais si une maîtresse de maison doit être très-sévère pour elle-même et ne se dispenser, sous aucun prétexte, de ce qu'exige la politesse, elle doit être indulgente pour autrui et attribuer à l'ignorance plutôt qu'à un coupable laisser-aller, les fautes que l'on pourrait commettre en sa présence ; la bienveillance a un double avantage, elle rend la vie plus facile à ceux qui nous approchent et elle entretient en nous la paix et la sérénité : car rien ne trouble et n'aigrit plus l'esprit que la susceptibilité et la tendance à supposer toujours chez les autres des intentions mauvaises ou blessantes. Cette indulgence cependant ne doit être ni exagérée, ni aveugle, et à l'occasion une femme à laquelle son âge et sa position en donnent le droit, peut fort bien relever l'étourderie ou le manque d'usage d'un malappris. — Mais il faut, pour se hasarder sur ce terrain délicat, être sûre de son esprit et surtout que la bienveillance de la forme et la douceur de la voix ne trahissent que le désir de donner une leçon utile, sans la moindre nuance d'aigreur ou de mécontentement personnel.

Louis XVIII, qui était doué d'un rare esprit de politesse, attachait beaucoup d'importance à la rigide observation des convenances.

« Presque tous les matins, il admettait à son déjeûner le capitaine des gardes, quelques autres officiers, et le gentilhomme de service. Comme il avait coutume de dire que l'exactitude est la politesse des rois, il aimait que l'on fût exact, et que l'on fît honneur au repas; autrement il donnait parfois des leçons qui n'étaient pas sans malice.

« Un jour le gentilhomme de service arriva longtemps après que le roi eut pris place et s'excusa de son mieux. Sa Majesté lui fit servir les meilleurs mets qui se trouvaient encore sur la table et lui demanda s'ils étaient de son goût. — « Sire, dit le gentilhomme, je ne fais jamais attention à ce que je mange. — Tant pis! reprit le roi, il faut, Monsieur, faire attention à ce qu'on mange et à ce qu'on dit. »

Dans une bouche autre que celle d'un roi, la leçon pourrait être moins directe; elle ne saurait être ménagée avec plus d'à-propos et d'esprit.

DES DINERS.

Je trouve dans un petit opuscule sur le savoir-vivre un excellent article sur la *Théorie pratique des dîners en ville*, et je crois ne pouvoir mieux faire que de vous l'envoyer, ma chère enfant, d'autant que si ce passage, sauf quelques mots qui préconisent trop la recherche et le sensualisme de la table, mérite de vous être communiqué, cependant d'autres parties de ce livre le rendraient aussi déplacé qu'inconvenant entre vos mains.

« Convier quelqu'un, dit l'illustre Brillat-Savarin, c'est se charger de son bonheur, tout le temps qu'il est sous notre toit. » On peut, d'après cet aphorisme, se faire une idée des nombreux et importants devoirs imposés à un amphitryon. Un spiri tuel professeur du gai savoir, l'auteur du *Code gourmand*, a écrit : « L'amphitryon est le roi de sa table; son pouvoir dure autant que le repas et expire avec lui. » C'est là une erreur qui peut avoir de fâcheuses conséquences; les droits et les devoirs de l'amphitryon commencent à l'invitation et ne finissent qu'au départ des convives.

Il est vrai pourtant que l'amphitryon doit se préoccuper tout particulièrement du repas, sous peine de mériter la sentence ainsi formulée par la *Physiologie du goût :* « Celui qui reçoit ses amis et qui ne donne aucun soin personnel au repas qui leur est préparé, est indigne d'avoir des amis. » — Si cela est vrai d'un maître de maison, à combien plus forte raison une femme est-elle obligée de payer elle-même de sa personne dans ces occasions et d'avoir l'œil à tout, *avant*, *pendant* et *après !*

Avant, pour que toutes les dispositions soient bien prises, que tout soit bon, bien servi, propre et brillant.

Pendant, pour que tout le monde soit autant charmé de sa bonne grâce et de son attention que de l'excellence des mets. J'ai connu une femme dont chaque convive, en quittant sa table, était convaincu qu'elle ne s'était occupée que de lui, et était ravi de tant d'honneur. — Et elle savait en effet s'occuper constamment de tout le monde. Pour cela elle s'oubliait elle-même d'abord, et ensuite elle n'avait ni le désir, ni la pensée de paraître s'occuper de personne en particulier. Tout son secret était là, et en effet les attentions ouvertement données à un tiers semblent souvent être prises sur ce qui nous est dû, et détruisent à l'instant l'effet de toutes celles que l'on a eues pour nous. Le grand tact chez une femme, en toute occasion, est de ne laisser jamais apercevoir aucune préférence particulière, à moins que le grand âge ou une très-grande différence sociale ne lui créent un devoir spécial.

Après, et ceci rentre dans l'économie domestique,

— une femme bien élevée ne montrera devant ses hôtes aucune inquiétude marquée sur ce qui reste sur la table; mais les ordres seront donnés d'avance pour qu'il n'y ait pas de gaspillage; si elle n'a personne de sûr pour y veiller, elle tâchera de s'éclipser un instant dans la soirée pour aller donner un coup d'œil de maîtresse de maison. — Le lendemain, elle *veillera* elle-même à ce que tous les objets qui ne servent que dans ces occasions soient soigneusement nettoyés et remis en place.

Je reviens à ma citation : — « L'invitation à dîner par un inférieur à son supérieur, surtout quand ce dernier est haut placé, se fait en personne; elle est, dans ce cas, l'occasion d'une visite solennelle qui doit être faite huit jours avant celui fixé pour le dîner, et dans laquelle, après les compliments d'usage, on formule son invitation.

« En tout autre cas les invitations se font par écrit; les billets d'invitation doivent réunir à la plus grande simplicité, une clarté parfaite et une politesse exquise.

« Rien ne peut dispenser l'amphitryon de donner un dîner pour lequel les invitations sont lancées.

« S'il s'agit d'un repas de haute lice, d'un banquet extraordinaire, les billets d'invitation doivent être envoyés aux convives huit à dix jours d'avance; dans les cas ordinaires, trois à quatre jours d'intervalle sont suffisants.

« Le couvert doit être dressé avant l'arrivée des convives; sur chaque serviette doit se trouver un billet contenant le nom de la personne à laquelle la place est destinée.

« Trois verres sont l'escorte obligée de chaque couvert : un pour le vin d'ordinaire, c'est le plus grand ; un pour les vins de choix, et un pour les vins fins de dessert et d'entremets.

« Le buffet, voisin de la table, doit être abondamment pourvu de vaisselle de rechange. Dans les maisons grandement montées, on change de fourchettes et de couteaux chaque fois qu'on change d'assiettes ; dans les maisons de second ordre, on change de fourchettes et de couteaux à chaque service et après avoir mangé du poisson.

« Aux quatre points cardinaux de la table sont placées les carafes et les bouteilles. Lorsque la table est de plus de douze couverts, on établit des subdivisions entre ces quatre points.

« A mesure que les convives arrivent, ils sont reçus dans le salon par l'amphitryon qui présente les uns aux autres ceux qui ne se connaissent point.

« S'il y a des retardataires, l'amphitryon peut en témoigner son regret, mais rien ne saurait le dispenser de faire servir à l'heure précise, indiquée par le billet d'invitation ; attendre un retardataire, c'est manquer d'égards pour tous les invités présents. — (Cette règle, présentée ici comme absolue, ne l'est pas ; il est des circonstances qui font loi, et des gens pour qui des exceptions sont indispensables ; c'est au tact de chacun de subordonner la conduite qu'il doit tenir à la position et au caractère des convives.)

« Il importe qu'une salle à manger soit convenablement chauffée et parfaitement éclairée ; les lampes Carcel et les bougies sont le seul mode d'éclairage qu'on emploie.

« On comprend que nous ne parlons ici que des dispositions principales ; il est une foule de petits détails relatifs qui ne peuvent avoir d'autres règles que le sentiment intime et l'ingénieuse délicatesse de l'amphitryon. En pareille matière, le libre arbitre peut et doit avoir une large part ; mais il importe de se défendre des excentricités, car de quelque côté qu'elles se montrent, elles tendent au ridicule aussi invinciblement que l'aiguille de la boussole tend vers le nord. Un esprit supérieur peut, il est vrai, s'écarter sans danger des sentiers battus ; mais les esprits ordinaires, souvent moins qu'ordinaires, ont une si grande tendance à se poser en supérieurs, que le plus sûr est de se tenir dans la voie commune, la seule qui soit irréprochable.

« Dès que tout le monde est réuni au salon et que tous les préparatifs sont terminés, un domestique vient annoncer que *madame est servie*. La maîtresse de maison invite alors les convives à la suivre ; elle accepte le bras de l'homme le plus notable de la réunion, et elle passe dans la salle à manger dont la porte est ouverte à deux battants.

« Les hommes offrent le bras aux dames et les conduisent jusqu'à la table où chacun prend place sur l'invitation des maîtres de la maison pour les principaux d'entre eux ; les autres se placent au hasard, si les noms ne sont pas inscrits, ou se donnent la peine de chercher le billet qui porte leur nom. Un domestique bien appris se rend fort utile en ce moment.

Le maître et la maîtresse de la maison se placent en face l'un de l'autre ; la place d'honneur pour une femme est la droite de l'amphitryon, la place de gauche vient immédiatement après. Pour les hommes la place d'honneur est à la droite de la maîtresse de la maison, puis à sa gauche. L'âge et la position sont les guides d'après lesquels se distribuent les places.

« Tout le monde étant à table, le maître ou la maîtresse de maison prend les assiettes posées en pile à sa portée, sert le potage et le fait successivement passer à ses convives, soit en le faisant circuler parmi eux, soit en le faisant porter à chacun par un domestique. *Il* ou *elle*, — ceci dépend de l'usage adopté dans chaque maison ; mais cependant pour les pièces un peu fortes, c'est d'ordinaire le maître de maison ; — *il* ou *elle*, disons-nous, découpe ensuite les pièces les plus importantes, ou en charge quelques-uns des convives dont la capacité à cet égard lui est connue. Quant aux mets qui se trouvent naturellement découpés et qui se servent à la cuiller, l'amphitryon n'a pas à s'en occuper ; tout convive a le droit de les aborder et de les traiter en pays conquis.

« L'amphitryon n'a pas non plus à s'occuper du vin ordinaire ; de même que ceux qui suivent immédiatement, ils doivent être livrés sans réserve ; mais à l'apparition des vins fins, de nouveaux devoirs lui sont imposés. Les bouteilles de ce vin, couchées souvent dans d'élégants paniers, doivent être débouchées avec un soin extrême ; aussitôt le bouchon enlevé, l'amphitryon — ceci regarde le maître et non la maîtresse de la maison, — verse à ses voisins de droite et de gauche; puis à lui-même, et il laisse ensuite circuler les bouteilles jusqu'à extinction.

« Après l'entremets, l'orsque le dessert est sur la table, les domestiques doivent se retirer pour ne reparaître que sur l'appel du maître. Le service, dès lors, étant presque nul, autour de la table peuvent circuler, sans contrainte, les épanchements de la gaieté et les graves questions d'affaires.

« C'est un manque de tact de vanter le vin et les mets qui se succèdent sur la table ; il est tout aussi inconvenant de ne trouver rien de bon et de montrer aussi une fausse modestie bourrée d'orgueil, en vue de se faire louer par les convives : des observations sur le service, des gronderies aux domestiques sont égalment déplacées. » — Une maîtresse de maison doit éviter avec autant de soin de faire remarquer une faute, une négligence, qu'elle a dû en mettre à la prévenir. Elle doit prendre garde aussi de montrer un air affairé, car il serait peu convenable et poli de transformer en une tâche fatigante, ce qui doit être un plaisir. — Elle doit s'occuper de tout sans paraître y donner son attention ; montrer de la préoccupation, ce serait faire entendre que la tenue de la maison est différente ce jour-là des jours ordinaires, ce qui peut être réel, mais ce qui ne doit pas se laisser voir.

Ce qu'on appelait autrefois le *coup du milieu* est aujourd'hui généralement supprimé; s'il arrivait cependant que chez vous on voulût le conserver, vous saurez qu'il consiste en un verre de vin de Madère sec, de rhum ou de kirsch, offert immédiatement après le premier service; un petit verre de vin de Madère peut s'offrir après le potage.

Les dîners se servent de différentes manières; le plus usité et le plus gracieux, le *dîner à la française*, a trois services faisant succéder sur la table : 1° le potage, les entrées et les hors-d'œuvre; 2° le rôti et les entremets; 3° enfin, le dessert, la partie la plus brillante du repas et dans lequel votre bon goût et vos soins, comme maîtresse de maison, peuvent le mieux se développer en entremêlant les fruits de feuillage et de fleurs, en dressant avec art les bonbons et les gâteaux, en décorant enfin la table de fleurs, d'élégants cristaux, de riches porcelaines; — vous savez qu'on *peut à tous les services* orner le couvert de *surtouts* et de *bouts de table* en cristal, vermeil, etc.....

Une autre manière, dite *à la russe*, consiste à placer, dès le début du dîner, les hors-d'œuvre et le dessert sur la table et à n'y point faire paraître les autres mets qui sont simplement posés sur un buffet, où les domestiques les découpent pour les faire passer à la ronde. — Cet usage, qui n'est adopté en France que comme exception, diminue les devoirs du maître de maison et simplifie le service, mais en revanche il ôte beaucoup à l'entrain, en donnant à l'ensemble du repas quelque chose de forcé et de cérémonieux.

Enfin, mais ceci s'emploie plutôt pour les déjeuners que pour les dîners, les convives peuvent trouver en entrant dans la salle à manger, tout disposé sur la table, entrées et entremets au milieu, dessert autour, le plat du milieu seul succède ensuite. Dans ce cas, le dessert arrivé, on enlève tous les autres plats et on en rapproche les assiettes.

Le repas achevé, la maîtresse de la maison se lève, tous les convives l'imitent, chaque homme offre le bras à la dame placée à côté de lui, et l'on rentre au salon pour y prendre le café et pour y passer la soirée.

A ces longs détails laissez-moi, mon enfant, ajouter encore une observation : « Parfois on trouve des maîtres de maison possédés de l'amour de la propriété, qui vantent tout ce qui paraît sur leur table, servent un mets avec emphase, et débouchent chaque bouteille avec éloge à l'appui ; rien n'est plus contraire à la civilité ; c'est aux convives seuls qu'il appartient de faire l'éloge de ce qui leur est offert ; d'autres, tombant dans l'excès contraire, se confondent en excuses sur la mauvaise chère qu'ils vous offrent et mendient des éloges à force de modestie ; » évitez ces deux écueils également ridicules et fatigants, et, en tout, soyez simple et vraie.

DES SOIRÉES.

Les invitations à une soirée se font une huitaine de jours à l'avance. Si l'on doit simplement danser au piano, on peut se dispenser d'en faire mention sur le billet d'invitation; mais si le but principal de la réunion est la danse, il est bon d'en prévenir, non-seulement par rapport aux exigences de la toilette, mais encore parce que cela peut influer sur la décision de l'invité. — Une invitation à une personne qu'on sait être musicienne et que l'on désire faire entendre chez soi, doit porter ces mots ou autres analogues: *On fera de la musique,* — ce qui veut dire : Veuillez repasser les morceaux que vous préférez et vous en munir.

Le maître et la maîtresse de la maison ne songent d'abord qu'à accueillir les arrivants et ensuite à leur procurer le plus de plaisir possible. — Le maître de maison doit avoir une *toilette irréprochable;* la maîtresse de maison est mise avec tout le goût possible, mais avec une telle simplicité qu'elle soit sûre, quoi qu'il arrive, d'avoir la toilette *la moins brillante* de la réunion. Bien entendu cependant qu'il ne lui est pas permis d'être *en négligé.* Elle répond par un salut aimable et quelques paroles obligeantes et gracieuses à chaque invité qui vient la saluer; elle s'occupe que chaque femme qui entre soit convenablement placée et lorsqu'on a commencé à danser, elle fait en sorte de procurer des danseurs aux femmes que le monde néglige ; son devoir est même de refuser autant que possible, à leur profit, les invitations qui lui sont adressées par des hommes de son intimité. En un mot, l'abnégation, cette vertu par excellence et permanente de la femme, ne doit pas la quitter un instant, même au milieu du plaisir d'une réunion dont elle est en apparence la reine.

C'est encore à elle à veiller à ce que les rafraîchissements parviennent dans toutes les parties du salon ; elle doit aussi en faire les honneurs personnellement aux personnes qu'elle veut et doit distinguer.

A côté du salon où l'on fait de la musique et où l'on danse, il est d'ordinaire une pièce réservée aux tables de jeu. La maîtresse de maison doit prendre soin que ces tables soient peu nombreuses, afin que les jeunes gens n'aient pas un prétexte pour déserter le salon ; de plus, il lui appartient de mettre le jeu en train, d'organiser les premières parties et de surveiller de temps à autre la marche du jeu. Une femme de tact ne permet pas les fortes mises ; elle fait comprendre à ses invités que le jeu chez elle ne saurait être une affaire, une spéculation, mais un simple passe-temps.

Il n'est pas d'usage, en quittant une soirée, de présenter ses hommages aux maîtres de maison qui, à leur tour, ne doivent pas gêner leurs invités en les empêchant de s'esquiver sans bruit. Quelque contrarié que l'on soit du départ d'une femme aimable, d'un élégant danseur, c'est un manque de tact de laisser paraître qu'on s'aperçoit de sa fuite et de chercher à le retenir. Mais, au contraire, si par discrétion ou par la manie de se faire prier, des invités se disposent ostensiblement et à contre-cœur à se retirer, il est bon qu'une maîtresse de maison, si elle s'en aperçoit, vienne à eux, et avec une gracieuse insistance les engage à demeurer quelques moments encore. — On ne presse, sous aucun prétexte, une jeune personne que ses parents veulent emmener, car, en satisfaisant les désirs de la première, on mécontenterait les seconds qui, à coup sûr, ont de bonnes raisons en agissant ainsi ; — on n'expose pas non plus une jeune femme à froisser son mari en lui fournissant, par ses instances, un prétexte de prolonger la soirée malgré une volonté qu'elle doit toujours respecter. Je n'insiste pas sur ce sujet, assurée que je suis, ma chère enfant, que votre excellent cœur et votre aimable politesse vous guideront mieux à cet égard que tout un volume de conseils.

En outre des soirées où l'on fait de la musique, où l'on danse et où l'on joue, il est des réunions plus intimes où la soirée se passe en causeries entremêlées quelquefois de lecture ou de quelques petits jeux. — D'ordinaire une tasse de thé ou quelques verres de sirop la terminent, et chacun se retire ravi de l'emploi de son temps, si la maîtresse de maison l'a bien voulu, c'est-à-dire si elle a fait preuve de tact et d'esprit. — Mais ceci rentre dans le sujet du prochain paragraphe : La conversation, devoir commun à tous les genres de réceptions. — Occupons-nous donc d'abord de ce qui est le caractère distinctif d'une soirée d'intimité : Les honneurs du thé.

C'est là une très-grande affaire chez nos voisins d'outre-Manche, et la jeune fille ou la jeune femme qui est passée maîtresse dans cet art gracieux, est réputée une femme accomplie. En France nous y attachons moins d'importance, ce qui n'empêche pas cependant qu'une femme bien élevée ne doive se piquer de s'y rendre habile.

Le thé se sert dans une theière de métal anglais, ou mieux, se fait dans une fontaine à thé sous laquelle on allume une lampe à l'esprit-de-vin. On le fait dans le salon; la maîtresse de maison ou ses filles se chargent de le servir. — On compte une petite cuillerée de thé par personne et autant de tasses d'eau; on renouvelle l'eau ensuite sans renouveler ni augmenter la quantité de thé mis d'abord; l'essentiel est que l'eau soit jetée sur le thé parfaitement bouillante. Les tasses, disposées sur un plateau ou sur un guéridon recouvert d'une nappe à thé damassée, sont réchauffées avant de servir, en versant dans chacune un peu d'eau bouillante. — On offre ensuite le thé, aux hommes avec du rhum, aux femmes avec de la crème. — Une petite serviette damassée ou brodée accompagne chaque tasse qui est présentée par la personne qui fait les honneurs du thé à chaque invité. — Les hommes le prennent debout, près de la cheminée ou d'un meuble; les femmes restent assises à leur place; — elles se soulèvent pour se débarrasser de leurs tasses vides; mais les hommes présents se hâtent de leur éviter cette peine.

En petit comité et si une espèce de collation accompagne le thé, on s'assied autour de la table. — Des gâteaux secs, des sandwichs, quelquefois même des pièces froides se servent avec le thé. — Les maîtres de maison font circuler eux-mêmes les assiettes sans le secours de domestiques. Les jeunes gens offrent d'ordinaire leurs services à cette occasion.

J'avais oublié de vous dire que souvent à la suite d'une grande soirée on offre une collation, une sorte de souper composé de gâteaux, de conserves, de friandises de toutes sortes flanquées de pièces froides, telles que galantines, jambons, pâtés, etc..... Le service est disposé en ambigu sur les tables; les dames seules s'asseyent; les hommes debout derrière elles les servent et tantôt mangent en même temps, un peu comme ils peuvent, tantôt attendent qu'elles se soient retirées pour prendre leurs places et pouvoir, à la mode anglaise, faire honneur sans contrainte aux vins de l'amphitryon. — Ce dernier mode a deux inconvénients majeurs: 1° il blesse les anciennes idées de la politesse française en obligeant les femmes à se retirer seules au salon et à attendre le bon plaisir des hommes pour reprendre la musique et les danses interrompues; 2° il expose certains hommes à oublier les lois de la tempérance qu'ils se seraient bien gardés d'enfreindre en présence d'un sexe qu'ils sont accoutumés à respecter, et il entraîne un abus trop commun de nos jours, et qui transforme presque la maison d'une femme comme il faut, en une salle de restaurant.

La maîtresse de maison a en apparence peu à faire

dans ces soupers où chacun est appelé à agir librement et à faire les honneurs à ses voisins ; néanmoins, la tâche est bien moins facile qu'elle ne paraît. Là, comme partout, elle doit avoir l'œil à tout et réparer surtout la négligence dont certaines de ses invitées pourraient être l'objet ; — son œil exercé doit sans cesse parcourir la table, les rangs des convives, et s'assurer que tout est bien.

III

DE LA CONVERSATION.

« Certaines gens ont besoin d'être contenus, d'autres encouragés. De là vient que le même personnage est connu sous des aspects différents; qu'il réussit dans un salon, tandis qu'il est déclaré insupportable dans un autre. » Faites en sorte, mon enfant, que chez vous tout le monde soit aimable, et croyez bien que cela dépend beaucoup de vous. Quel est l'homme, en effet, qui n'ait quelque beau côté, si petit qu'il soit; le tout est de découvrir le bon endroit et de savoir le mettre en évidence. Ce sera votre étude avec vos hôtes, et vous auriez bien du malheur si votre bienveillance n'était pas récompensée neuf fois au moins sur dix.

Sachez parler à chacun le langage qui lui convient, et, sans étaler jamais des prétentions déplacées et des connaissances trop étendues, prouvez à ceux qui vous approchent que vous avez assez d'intelligence et de bon sens pour vous intéresser à toutes choses.

Un homme d'esprit raconte en ces termes l'origine de la conversation: « Lorsque les Orientaux vont se visiter, ils emportent avec eux une quantité de petites fantaisies aussi remarquables par le goût que par leur valeur : ce sont des flacons d'essence, des éventails, des bijoux, une émeraude enchâssée, une épingle d'opale, des cassolettes ciselées, de boîtes en bois de rose embaumées de musc avec incrustation d'or, des chapelets d'ambre ; c'est une collection complète des petites merveilles de l'Orient.

« Presque toujours leurs réunions sont silencieuses. La nonchalance orientale se contente des jouissances qui naissent de la pensée, du sentiment, des impressions de la vue et de l'odorat. Ils concentrent leurs sensations, qui sont d'autant plus réelles qu'elles ne s'évaporent pas ; mais pour se dispenser d'avoir de l'esprit et aussi pour traduire le plaisir qu'ils ressentent d'un bon accueil ou des charmes qu'ont pour eux, soit les lieux, soit la réunion elle-même, ils ont coutume de moment en moment de s'offrir des cadeaux. C'est un échange perpétuel entre les visiteurs et les visités. Les libéralités, cela se conçoit, du reste, sont toujours en raison du contentement, si bien que quelquefois dans une séance toutes leurs réserves s'épuisent. »

Les Occidentaux, moins paresseux et moins riches, ont inventé la conversation pour suppléer cet usage.

« Les parfums, les bijoux et l'ambre de l'Orient, sont remplacés chez nous par les phrases polies, les pensées d'or, les jolis à-propos, les piquantes anecdotes, les compliments et les narrations brillantes de la conversation. »

Cette comparaison est tellement vraie qu'elle dispense de formuler avec plus de détails les règles de la conversation ; car de même qu'au nombre des présents échangés, nul ne saurait avoir la pensée de mêler des objets repoussants ou des matières gâtées et corrompues, ainsi dans la conversation tout ce qui paraît blessant, trivial, malhonnête, doit être sérieusement interdit. Or, c'est là, nous l'avons dit déjà, un des devoirs les plus délicats de la maîtresse de maison ; elle doit régler et diriger tout ce qui se dit chez elle, et cela par le seul prestige du respect qu'elle inspire et du tact qui la guide.

Dans les *Délassements permis* de R. P. Huguet, que je vous ai déjà si fortement conseillé de prendre *pour guide*, assurée que vous n'en sauriez trouver de meilleur, se trouve, mon enfant, un traité complet sur la conversation, auquel je ne veux rien emprunter dans la persuasion que vous le consulterez vous-même ; je n'entrerai d'ailleurs pas dans le même ordre d'idées ; mais avec le même écrivain, dont je vous citais plus haut les paroles, je diviserai la conversation en diverses catégories : « La conversation lingot, la conversation d'or monnayé, la conversation d'argent, la conversation de gros sous et de plomb.

« La conversation lingot ou minerai, si vous voulez, malgré sa valeur réelle, ne peut servir ni à nos besoins ni à nos plaisirs. Il manque à cet or le bruni, la façon, l'alliage, l'effigie et le millésime qui donnent cours. Les grands penseurs, métaphysiciens, astronomes, savants, arrivent souvent la gorge pleine de lingots. Le monde est alors forcé de dire comme le coq de la fable :

« Les ignorants qui trouvent naturellement important

ce que le hasard d'une rencontre ou d'une lecture leur a fraîchement appris, ceux qui acceptent les banalités que le temps à mises en circulation..... ceux-là commettent la conversation gros sous. Ils ont des formules toutes faites, des phrases daguerréotypées qui viennent invariablement tomber à votre oreille. L'homme de goût entend le singe et comme le dauphin le laisse tomber.

« Un des caractères des gens d'esprit, c'est l'art ou l'habitude qu'ils ont de broder soit un aperçu neuf sur l'idée commune par laquelle ils sont obligés de passer, soit de la revêtir d'une forme originale.

« On juge un homme à ses phrases; c'est l'échantillon détaché, qui suffit pour qu'on connaisse son étoffe. — La conversation est la physionomie de l'intelligence. — Il y a des conditions qui se trahissent par un seul mot. »

« ..... On n'intéresse les autres qu'en s'oubliant..... Une des choses, dit la Rochefoucauld, qui font qu'on trouve si peu de gens agréables dans la conversation, c'est qu'il n'y a presque personne qui ne pense plutôt à ce qu'il doit dire qu'à répondre précisément à ce qu'on lui dit. Les plus habiles et les plus complaisants se contentent de montrer seulement une mine attentive, en même temps que l'on voit dans leurs yeux et dans leur aspect un égarement pour ce qu'on leur dit et une précipitation pour retourner à ce qu'ils veulent dire. »

Ne tombez pas dans ce péril, surtout lorsque vous avez à faire les honneurs de votre salon; sachez écouter avec attention et politesse tout aussi bien que frayer les voies à la causerie, et si quelqu'un chez vous, manquait à ce simple devoir de politesse, ayez soin, sans le blesser lui-même, de revenir sur ce qui vient d'être dit, de façon à ramener les esprits au sujet interrompu; car soyez-en bien convaincue, s'il n'existe pas de conversation sans esprit naturel et sans imagination, elle ne saurait surtout se passer de bienveillance, de politesse et de bons sentiments.

« Un compliment bien senti, jeté dans un bon moule, est un des plus savoureux condiments de la conversation entre gens qui s'aiment et s'estiment. Le compliment n'est pas flatterie ! — L'abus du compliment est une faute; mais son usage modéré et intelligent est d'un ton parfait. Ne complimenter jamais, c'est ne pas apprécier ceux avec qui l'on se trouve; c'est d'ailleurs montrer une trop grande préoccupation de soi-même; c'est souvent céder à l'envie. Ne pas complimenter parfois les autres, c'est se complimenter toujours soi-même; il n'y a que les gens infatués de leur valeur qui ne trouvent jamais rien à admirer dans les autres. » Mais que le compliment ne soit jamais, sur vos lèvres, ni un mensonge, ni une moquerie. Ne dites à cet égard que ce que vous pensez, et que ce ne soit jamais lancé à brûle-pour point, car alors au lieu d'être agréable, l'éloge deviendrait blessant pour toute personne délicate et bien née.

Ne raillez pas; ne souffrez chez vous qu'une raillerie innocente et douce qui ne cache jamais de traits acérés; car la moquerie est, dit-on, « un plaisir d'emprunt plein de danger et dont il nous faut trop souvent restituer le capital avec de gros intérêts. »

Ne vous préoccupez pas trop de la tournure que prendra la conversation; de l'inquiétude à cet égard nuirait à votre esprit et refoulerait celui des autres. L'imprévu peut seul la rendre attrayante; une conversation toute faite d'avance serait singulièrement fatigante, car « les idées ne se conduisent pas, on les sème. »

Si la conversation tombe, si elle languit, ne vous battez pas les flancs pour la ranimer..., prenez votre temps, procédez doucement, sans efforts apparents; surtout n'appelez pas à votre aide l'exagération, les fausses nouvelles, les banalités : votre impuissance se montrerait à découvert et vous manqueriez le but. — Vous ne devez cependant pas demeurer inactive, mais appeler à votre aide toutes les ressources de votre intelligence, car, ainsi que le dit une femme d'esprit : « Soutenir la conversation est pour une maîtresse de maison un besoin plus ruineux que le luxe le plus insatiable. Une conversation qui languit est un déshonneur pour elle ; il faut qu'elle la réveille à tout prix... » à tout prix, excepté aux dépens de la vérité et de la charité, ne l'oubliez jamais.

IV

CONSEILS DIVERS.

Les conseils que je vous ai déjà envoyés, ma chère enfant, vous ont tracé avec de tels détails vos devoirs comme maîtresse de maison et ce qui concerne l'emploi du temps, la lecture, les liaisons d'amitié, les correspondances, les aumônes et enfin les voyages, que je n'ai à ajouter à tout ce que je vous ai dit à cet égard que quelques courtes observations, qui ne sauraient fournir chacune un chapitre séparé, et que j'ai dû, par conséquent, classer en un seul groupe, sous le titre collectif de conseils divers, vous renvoyant, pour tout ce que je ne vous répéterai pas, à mon précédent ouvrage sur ce sujet.

DE LA TOILETTE.

La toilellte d'une femme doit, chez elle surtout, être convenable, propre, élégante même, mais d'une extrême simplicité. Il est malséant de se montrer à un visiteur dans un négligé sans façon, quelque gracieux qu'il puisse être. La robe de chambre, le peignoir ne doivent être admis que dans la secrète intimité de la famille et ne jamais se montrer à un regard étranger. — Ils doivent, ainsi que les papillotes et le bonnet de nuit, faire place avant midi, je dirai même avant le déjeuner, à une tenue décente et convenable. Mais vous laisserez alors tout étalage de luxe et de clinquant aux filles de boutique qui sont forcées de parader derrière un comptoir, et vous fuirez, comme un signe certain de mauvais goût et de mauvais ton, tout objet prétentieux.

Autant que vous le pourrez, ne faites qu'une seule toilette par jour. Soyez dès le matin ce que vous devez être toute la journée, en état de recevoir n'importe quel visiteur, sans être prise au dépourvu et fâchée ensuite du négligé dans lequel vous avez été surprise. De cette façon, vous éviterez, à vous-même bien des petits ennuis, et aux personnes qui viendront vous voir un embarras bien plus grand encore, car le visiteur qui dérange est plus contrarié, s'il a du tact, que la personne même qui a été dérangée ; nul n'aime à jouer le rôle de fâcheux, — une tenue égale et soignée est un des meilleurs moyens de rendre sa maison agréable et de maintenir toujours à l'aise soi et autrui. Grâce à ce principe qu'une de mes vieilles amies avait toujours mis en pratique, elle était arrivée à quatre-vingts ans toujours gaie et jeune sans ridicule, plaisant à tous ceux qui la connaissaient et faisant aimer sa maison, sans aimer trop elle-même le monde.

Ne soyez jamais la première à adopter une mode ni la dernière à la quitter ; — sachez vous soumettre à toutes les exigences de votre position. — Ainsi, par exemple, je viens de vous dire: *Ne faites, autant que possible, qu'une seule toilette par jour.* — Mais j'ajoute: — Que ce soit là votre goût; mais à l'occasion, ne vous faites pas prier pour en faire deux, même trois, s'il le faut, — y perdre votre temps par plaisir, ce serait méconnaître vos véritables devoirs; vous y refuser par nonchalance, ce serait une paresse plus blâmable encore. — La piété bien entendue consiste à s'éclairer parfaitement sur ses devoirs de position et ensuite à les remplir sans répugnance, sans hésitation, à se pénétrer surtout de cette pensée qu'une formalité, quelque minime, frivole même qu'elle puisse être, devient grave et importante dès qu'elle constitue une obligation d'état; car le devoir est saint par lui-même, et cette sainteté est indépendante de sa valeur absolue.

Après vous avoir recommandé avec la comtesse de B..... « la propreté persévérante » et vous avoir mise en garde avec elle contre cette négligence qui porte quelques femmes à remettre aux jours de fête le lavage de leurs dents, de leurs oreilles et de leurs ongles, soin que vous devez prendre chaque jour, mais en vous efforçant de faire aussi vite que bien, je vous dirai encore: — « Ne craignez pas l'eau froide, à moins qu'on ne vous l'ait interdite pour quelque raison de santé; pour des motifs semblables, baignez-vous souvent si on vous l'ordonne; autrement ne prenez guère plus d'un bain par mois. Il y a, dans le goût de s'établir ainsi au fond d'une baignoire, je ne sais quoi d'indolent et de mou qui sied mal à une femme. »

Après ces principes généraux, j'aborderai en particulier trois des parties de la toilette qui se rattachent autant à l'hygiène qu'elles sont importantes pour faire ressortir, chez les femmes, la grâce et l'aisance dont Dieu a fait l'apanage de leur sexe. Ce sont la taille, la coiffure et la chaussure.

LA TAILLE.

Mettez de bonne heure votre corset, accoutumez-vous à ne pouvoir vous en passer, car il sera également utile à votre santé et à votre bonne tenue ; mais pour cela, il ne faut pas qu'il soit serré, « les teints vergetés, les nez rouges, les maux d'estomac, dérivent de la gêne éprouvée dans les corsets. Le désir d'avoir la taille fine, devient une monomanie chez certaines femmes. J'en ai vu qui, après avoir souffert le martyre, sont mortes avec la consolation d'entendre célébrer leur *minceur*. » N'est-ce pas là un véritable suicide, dont la femme qui s'en rend coupable est responsable devant Dieu et sa famille? — Encore, si tant de souffrances et de peines servaient à rendre réellement la taille plus belle. — Mais, il n'en est rien ; une femme trop serrée devient guindée, sans souplesse, sans grâce dans les mouvements, et la plus jolie tournure se trouve ainsi gâtée. — « Que de gastrites, de maladies de foie, de migraines, d'humeurs inquiètes et chagrines, qu'il eût été facile au début de guérir en lâchant un lacet de corset et qui, arrivées à un certain degré, deviennent incurables et creusent une tombe prématurée sous les yeux d'une famille éplorée, qui souvent en admirant des femmes au corps difforme à force d'être disproportionnées, ont encouragé cette aberration..... » Je n'insiste pas, vous aurez pitié de votre santé et vous craindrez le ridicule...

LA COIFFURE.

Sur la coiffure, je n'aurai qu'un mot à vous dire ; mais ce conseil est de la plus haute importance. — « Que vos cheveux soient arrangés soigneusement dès le matin, ou si l'on vous a pressée, qu'ils soient cachés par un bonnet. Une femme mal peignée est un objet désagréable. » Voilà pour la beauté. — La santé demande plus encore ; elle exige non-seulement que vos cheveux soient bien lisses, bien brillants, bien propres en un mot sur la superficie, mais surtout qu'ils soient démêlés avec soin chaque matin, et que la tête soit maintenue dans un état constant de propreté. Le manque de soin à cet égard entraîne des maux très-douloureux et qui peuvent devenir chroniques. Avant de vous coucher, un point essentiel est de les détacher, de façon à ce qu'ils n'aient aucun tiraillement pendant la nuit.

LA CHAUSSURE.

Vous avez souri peut-être, mon enfant, de l'importance que j'attache à la chaussure, comme si en deux mots, il n'était facile de dire tout ce que peut comporter un semblable sujet. Pour vous détromper et me justifier, écoutez à cet égard l'avis de madame la comtesse de B...... « C'est un signe de bonne éducation, dit-elle, de ne jamais porter de souliers dont le quartier ne soit point relevé, dont les bords ne soient point effiloqués et qui soient parfaitement brossés s'ils sont en étoffe, parfaitement cirés s'ils sont en peau. Il n'est pas question d'être bien chaussée au moyen de souliers neufs; mais en se chaussant toujours avec une corne, en ne les choisissant ni trop étroits, ni trop longs, enfin ne gênant en aucune façon; car si les derniers font trébucher, les premiers font marcher sans grâce, donnent des cors, des durillons, de vraies douleurs, dont on ne peut se plaindre, puisque la cause en est ridicule et qu'il est toujours possible d'y remédier. Tout le monde s'aperçoit de cette gêne et tout le monde en rit : le pied n'y gagne rien que de sortir boursouflé et de montrer des nodus, des protubérances qu'une chaussure, qui n'est point de bois laissera toujours apercevoir. Les deux couleurs les plus simples sont les seules qui siéent bien, le blanc pour la toilette de soirée, le noir dans les autres cas; enfin ne mettez de pantoufles, quand vous vous portez bien, que le moins possible. »

Certes, ces cors, ces durillons, que vous assure une chaussure trop étroite, devraient, ce me semble, vous paraître une punition suffisante de ce désir exagéré d'être belle qui pousse certaines femmes à vouloir rivaliser avec les Chinoises, et se faire de jolis pieds aux dépens de la forme, c'est-à-dire de la beauté réelle. Et cependant, là ne consiste pas le seul danger de se serrer les pieds, témoin le triste souvenir de miss Gordon et de sa mort.

« Miss Gordon, fille d'honneur de la reine Charlotte, assistait au mariage de cette princesse lorsqu'elle épousa le roi Georges. Cette jeune personne était fort belle, habituée à se mettre avec goût; mais elle avait la *dangereuse manie* de se chausser si étroitement, qu'en vérité, on ne sait comment elle obtenait l'équilibre en marchant. Au mariage de la reine, elle dut briller au premier rang parmi les demoiselles d'honneur. La cérémonie fut longue, fatigante; épuisée de lassitude, miss Gordon s'efforça de résister à la chaleur, au bruit et à toutes les douleurs d'un encombrement meurtrier; mais une douleur plus grande la fit, vers la fin de la cérémonie, chanceler et pâlir; par un violent effort, elle parvint à se maîtriser un instant, puis tout à coup on la vit s'affaisser sur elle-même. — On se hâte de la transporter dans une autre pièce; on écarte ses vêtements, on la délace, l'évanouissement persiste toujours. Enfin on s'avise de la déchausser, on arrache avec peine les liens qui lui étranglent les pieds. Miss Gordon pousse alors un soupir et meurt en disant: — C'est le bonheur d'avoir vu la reine.

« M. Astley, médecin du roi, déclara qu'elle était morte, non pas du plaisir excessif d'avoir vu la reine qu'elle voyait tous les jours depuis trois ans, mais d'une congestion cérébrale produite par le reflux au cerveau du sang comprimé par les souliers. »

Si les catastrophes, comme la mort de miss Gordon,

sont rares, que de migraines du moins, que de fièvres sont causées, chaque jour, par des souliers trop étroits, sans compter les tournures naturellement gracieuses que transforme et enlaidit la gêne imposée par des pieds emprisonnés !

DE LA DOUCEUR, DE L'ÉLÉGANCE DE MANIÈRES.

A ce que je vous ai déjà dit, à ce sujet, dans mes conseils, je n'ajouterai qu'un simple et court récit que je viens de lire et qui m'a paru réunir tout ce que l'on pourrait vous dire. — Un homme de la bourgeoisie, fort riche et de très-bon ton, avait épousé une femme appartenant à une de nos plus illustres familles; il vante lui-même ainsi la différence qu'il remarqua dès l'abord entre la manière d'être des deux maisons. — « Immédiatement après mon mariage, dit-il, je remarquai dans la famille de ma femme une douceur, une élégance de mœurs qui n'existaient pas dans la mienne. On *réprimandait* les enfants et les gens, et on ne les *grondait* pas. Jamais l'hôtel de R. ne retentissait des cris de la maîtresse de la maison, et j'avais souvent entendu la voix de ma mère résonner dans les plus lointaines galeries de la manufacture..... Jamais dans un premier mouvement d'impatience, le marquis de R. ne châtiait son fils, et plus d'une fois un soufflet de mon père avait précédé l'expression de sa colère..... On servait les parents de ma femme avec plus de respect, plus d'amour et moins d'apparence de crainte que les miens. Enfin, les réunions les repas étaient aussi gais et moins bruyants ; on faisait les mêmes choses, mais d'une manière si différente et si agréable aux yeux, qu'il me fallut avouer que, si les nobles ne valaient pas mieux que les industriels, l'habitude de les dissimuler rendait leurs défauts supportables et leur aidait à les corriger. Enfin je trouvai que la vertu, accompagnée de grâces, était plus aimable encore, et que de tous les priviléges que nous enlevions à la noblesse, celui de plaire à si bon marché était le plus dédaigné, quoique le plus désirable. — Ayez donc, ma fille, les principes de la femme forte, mais saluez comme une grande dame et efforcez-vous d'acquérir son noble maintien, son doux parler et cet air à la fois réservé et naturel que revêt la modestie sans l'afficher. »

QUALITÉS D'UNE MAITRESSE DE MAISON.

Pour résumer ce qui précède, esquissons rapidement les qualités essentielles à la maîtresse de maison. — Pour faire convenablement les honneurs d'une maison, il faut avoir du tact, de la finesse, beaucoup d'usage du monde, une grande égalité d'humeur, du calme et de l'obligeance dans le caractère. Il faut, quand on reçoit, s'oublier soi-même, n'avoir nulle envie de briller et mettre la bienveillance à la place du désir de plaire ; il faut s'occuper des autres sans agitation, sans affectation, et savoir faire valoir ses hôtes sans avoir l'air de les protéger ; il faut enfin encourager les gens timides, les mettre à l'aise, entretenir la conversation, en la dirigeant avec adresse, plutôt qu'en la soutenant soi-même. Ainsi chacun reçoit l'accueil qui peut et doit le satisfaire.

« Il est impossible que, dans la première jeunesse, on fasse parfaitement les honneurs d'une table et d'une fête ; c'est un art social qui exige un esprit observateur et de l'expérience. Il faut des qualités acquises pour faire les honneurs d'une maison de campagne et d'un château, mais il faut indispensablement un caractère gai et aimable. On est toujours content de la maîtresse de maison lorsqu'elle est obligeante, gaie, attentive, que s'étant informée, comme elle doit le faire, des habitudes particulières de chacun, elle ne laisse rien à désirer chez elle ; que surtout elle paraît constamment charmée que l'on y soit et qu'elle y fait jouir d'une entière liberté. »

A la campagne, vous aurez soin que les tables du salon soient amplement garnies de livres, brochures, journaux, le tout choisi avec une extrême et sévère convenance ; des ouvrages de tapisserie, tricot, broderie seront laissés à la disposition de vos invités, des jeux d'adresse, des échiquiers, des damiers, des dominos seront placés parfaitement en vue ; en un mot, toutes les précautions seront prises pour rendre chez vous l'oisiveté et l'ennui impossibles.

POLITESSE. — NATUREL.

Un célèbre professeur de jurisprudence à Leyde, homme d'un charmant esprit, définit ainsi la politesse : « Elle consiste, dit-il, dans les signes extérieurs par lesquels on montre une attention particulière, soit à écarter tout ce qui pourrait faire soupçonner qu'on se met peu en peine de déplaire aux autres, soit à faire et à dire ce qui peut leur plaire. Elle est agréable à tout le monde pourvu qu'on n'y aperçoive pas une certaine affectation à montrer un plaisir particulier, ou à attacher de l'importance à des bagatelles. Elle enhardit à demander des services qui ne coûtent point à ceux qui les rendent, et à en offrir. Le plaisir qu'elle cause est vrai, quoique passager. »

Le naturel a cela de précieux dans la société qu'il plait même aux gens qui ont de l'affectation.

« La politesse des gens naturels est particulièrement séduisante, parce qu'elle n'a rien de sec et de contraint; elle a tout le charme de la bienveillance. Celle des personnes affectées est cérémonieuse, exagérée, embarrassante. Il est impossible d'être naturel avec beaucoup d'orgueil et de grandes prétentions, car il y a toujours de la bonhomie et un grand fond de sincérité dans le caractère de ceux qui sont constamment naturels. »

Vous me saurez gré, j'en suis sûre, mon enfant, d'ajouter à ces conseils les paroles pleines de vérité et de sagesse, consacrées au même sujet par Mgr Dupanloup dans son beau livre sur l'éducation.

« La politesse a toujours été un des plus beaux caractères de l'éducation française ; c'est peut-être son trait le plus distinctif. Le mot éducation, dans toute langue, a un sens spécial, et chez nous, l'on n'est pas bien élevé, si l'on ne possède le *savoir-vivre*, autre mot essentiellement français. En effet, parmi nous, manquer de politesse, c'est ne pas savoir vivre.

« La politesse des manières, le sentiment des bienséances, le goût exquis, ce sont de ces choses qui se pratiquent encore mieux en France qu'elles ne se définissent et que les nations rivales elles-mêmes sont convenues de nommer la *politesse française :* noble apanage du caractère national, glorieuse distinction dont il faut nous féliciter, s'il est vrai, qu'aujourd'hui encore, au milieu du naufrage de tant de sérieuses et antiques vertus, nous avons du moins sauvé la politesse. Il ne faut pas croire que ce soit là une variété de l'éducation ou du caractère : la politesse se lie profondément à des vertus utiles, à des vertus sociales, dont une nation peut être justement fière et heureuse.

« Mais je veux que l'on entende bien que la *politesse* dont je parle n'est pas seulement celle dont on fait ordinairement l'apanage exclusif des hautes classes de la société; ce que je dis ici s'applique à l'éducation de la généralité des hommes. Je ne prétends pas sans doute que l'éducation donne à tous de grandes manières, qui pourraient n'être quelquefois que l'élégance de la corruption; mais je crois qu'elle doit polir le cœur de l'humble paysan et du pauvre travailleur aussi bien que celui du riche et du plus parfait gentilhomme; qu'elle doit imprimer à toute sa personne, à sa parole, à son regard, ces habitudes honnêtes et dignes qui commandent l'estime. L'éducation chrétienne donne, en ce genre, de merveilleux exemples, jusque chez des peuples qu'on croit à peine civilisés.

« J'en ai fait des expériences dont le souvenir et l'image appelés à mon esprit attendrissent encore mon cœur. J'ai vu dans les lieux les plus agrestes de la nature, et au sommet des Alpes les plus reculées, des montagnards en qui j'ai remarqué une dignité plus haute et une plus douce politesse que chez les habitants des villes. Ces braves gens montraient tout à la fois une aisance et une réserve pleines de charmes, sans hardiesse déplacée, sans pénible embarras; ils étaient vrais, simples, bons, respectueux, obligeants, serviables.

« Il y a, dit Fénelon, une simplicité qui est un défaut, et il y a une simplicité qui est une merveilleuse vertu. Cela est juste. Dans ces montagnards, j'ai rencontré cette vraie, cette bonne, cette merveilleuse simplicité, qui fait, dit encore Fénelon, la parfaite politesse, que le monde, tout poli qu'il est, ne connaît pas toujours.

« C'est que la vraie, la parfaite politesse n'est pas une vaine grâce, extérieure et trompeuse. C'est le reflet d'une âme meilleure. Un villageois d'un air grossier ou si vous voulez même ridicule avec ses compliments importuns, s'il a le cœur bon et l'esprit réglé, est au fond plus poli qu'un élégant mondain qui, sous des formes accomplies, cache un cœur ingrat, injuste, capable de toutes sortes de dissimulations et de bassesses.

« Donnez tant que vous voudrez à votre élève des manières élégantes, de la vivacité, des termes plaisants dans la conversation, de la facilité pour parler et saluer avec grâce et tout ce qu'on nomme gentillesses mondaines, vous ne lui aurez pas encore donné la vraie politesse.

« Cet enfant sera peut-être même si parfaitement poli, que le moindre défaut de politesse dans les autres lui paraîtra un monstre. La plupart des gens lui semblent fades, ridicules et ennuyeux. Il sera souvent moqueur, dégoûté, dédaigneux de la meilleure grâce du monde : et le monde en conséquence jugera que cet enfant a tous les charmes de la plus exquise politesse. Fénelon, qui fut l'homme peut-être le plus poli du siècle de Louis XIV, en a jugé bien autrement.

« Rien n'est estimable, dit-il, que le bon sens et la « vertu. L'un et l'autre font regarder le dégoût, non « comme une délicatesse louable, mais comme la fai« blesse d'un esprit malade.

« L'esprit qui goûte la politesse, mais qui sait s'élever « au-dessus d'elle, dans le besoin, pour aller à des choses « plus solides, est *infiniment supérieur aux esprits délicats « et surmontés par leurs dégoûts.* »

« Ainsi donc, pour tous, pour l'ouvrier des villes, pour le paysan des campagnes, comme pour les enfants de la bourgeoisie et ceux de la plus haute classe, l'éducation doit polir en développant et fructifiant à des degrés divers, bien entendu ; mais la dignité et la politesse n'y peuvent manquer, sans que l'éducation soit en défaut. »

V

INSTRUCTION DE MADAME DE MAINTENON A MADAME LA DUCHESSE DE BOURGOGNE, OFFERTE POUR LEUR SERVIR DE GUIDE, AUX FEMMES DU MONDE (1).

La crainte de Dieu est le commencement de la sagesse, et l'amour de Dieu l'accomplissement de la loi.

Tel est, Madame, l'oracle de l'Esprit-Saint dans un livre que vous ne devez point vous lasser de lire. Les livres profanes inspirent l'orgueil et nourrissent la curiosité si dangereuse à notre sexe, à mesure qu'ils étendent les connaissances; au lieu que l'Écriture sainte impose l'humilité à ceux qu'elle instruit; mais ce n'est pas assez que l'esprit soit convaincu, il faut que le cœur soit séduit par le goût de la piété.

Que cette piété soit solide, droite, éclairée; solide, en la regardant comme la règle de toutes les actions de votre vie; droite, en préférant les obligations de votre état à toute dévotion particulière; éclairée, en vous instruisant de tout ce que vous devez savoir pour vous

(1) Louis XIV goûta si bien cette instruction qu'après la mort de madame *la Dauphine* il dit à madame de Maintenon, qui voulait la reprendre dans la cassette de cette princesse : « Madame, il faut bien que ma famille ait quelque chose de vous. »

sauver et pour sauver les autres par votre exemple; car votre place vous met à portée de faire grand bien, et l'édification est le principal.

Vous aimez la joie, le repos, le plaisir; croyez-moi, j'ai goûté de tout: il n'y a de joie, de repos, de plaisir qu'à servir Dieu. Le vice est affreux, et l'on ne peut trop se donner au Seigneur. Le sainte Vierge, dit-on, s'offrit à Dieu dès l'âge de trois ans; et, dès que le roi vous a vue, il vous a offerte à lui. La vie appartient sans doute à celui qui nous l'a donnée; voudriez-vous donner la vôtre à l'ennemi de Dieu?

Évitez la vanité, l'oisiveté; évitez surtout le péché; on se jette aisément dans le vice, on en sort difficilement.

Méditez la loi de Dieu jour et nuit; gravez-la profondément dans le fond de votre cœur; imitez votre maître et votre modèle : sacrifiez tout à la vérité et à la vertu.

Aimez l'Église qui est l'assemblée des fidèles; respectez ses ministres, protégez les gens de bien et les bonnes œuvres. Soulagez les malheureux. Déclarez-vous contre les nouveautés dans la religion, et faites-vous-en instruire autant qu'il est nécessaire pour les éviter. Tenez-vous attachée au Saint-Siége: c'est le centre de la catholicité.

Soyez simple dans la piété, docile, humble, unie, comme saint Paul l'ordonne aux femmes. Fréquentez les sacrements avec joie et avec confiance : choisissez un bon confesseur et laissez-vous conduire dans le bien qu'il vous conseillera: c'est là qu'il faut être simple comme la colombe. Quittez-le, s'il voulait vous entraîner dans quelque nouveauté ; c'est en ce cas qu'il faut être prudent comme le serpent. Suivez l'esprit de l'Église dans toutes ses solennités.

Attendez et désirez Notre-Seigneur pendant l'Avent. Recevez-le à Noël. Adorez-le avec les bergers et avec les rois : offrez-vous tout entière à lui. Purifiez-vous avec la sainte Vierge. Soumettez-vous, comme elle, à toutes les pratiques de la religion. Mortifiez-vous pendant le Carême pas l'abstinence, par le jeûne, par des prières plus longues, par plus de solitude et d'éloignement des plaisirs. Mourez avec Jésus-Christ le vendredi saint. Ressuscitez à une nouvelle vie au temps de Pâques. Montez au ciel en esprit au temps de l'Ascension, en vous détachant de la terre. Attendez, désirez et recevez le Saint-Esprit à la Pentecôte, et soyez dans les dispositions où furent les apôtres, pour la gloire de leur maître, qui est le vôtre. Adorez le Saint-Sacrement pendant l'octave que l'Église l'expose à nos yeux. Dans le cours de l'année, solennisez les fêtes des saints : ayez recours à eux ; imitez leurs vertus. Ayez une dévotion particulière à la sainte Vierge.

Encore une fois, aimez l'Écriture sainte, adorez ce que vous n'entendez pas ; profitez de ce que vous comprenez. Servez-vous du livre de l'Imitation et des Psaumes. Lisez les œuvres de saint François de Sales. Rentrez souvent en vous-même et tâchez de vous mettre en la présence de Dieu, au milieu de la cour la plus nombreuse.

N'espérez pas un parfait bonheur, il n'y en a point

sur la terre, et s'il y en avait, il ne serait pas à la cour.

La grandeur a ses peines, souvent plus cruelles que celles des particuliers. Dans la vie privée on se fait aux chagrins ; à la cour on ne s'y habitue pas.

Notre sexe est encore plus exposé à souffrir parce qu'il est toujours dans la dépendance. Ne soyez ni fâchée ni honteuse de *cette dépendance d'un mari ni de toutes celles qui sont dans l'ordre de la Providence.*

Que M. le duc de Bourgogne soit votre meilleur ami et votre seul confident. *Prenez ses conseils, donnez-lui les vôtres ; ne soyez, vous et lui, qu'un cœur et qu'une âme.*

N'espérez pas cependant que votre union vous procure une paix parfaite. *Les meilleurs mariages sont ceux où l'on souffre tour à tour l'un de l'autre avec douceur et avec patience.* Il n'y en eut jamais sans quelque contradiction.

Soyez complaisante sans faire valoir vos complaisances ; supportez les défauts de l'humeur, ceux du tempérament et de la conduite, la différence des tempéraments et des goûts. C'est à vous à être soumise, et *c'est en vous soumettant* à M. le duc de Bourgogne, *que vous régnerez sur lui.* Prenez sur vous le plus que vous pourrez ; sur lui, jamais.

N'exigez pas autant d'amitié que vous en avez : les hommes sont pour l'ordinaire moins tendres que les femmes, et vous serez malheureuse si vous êtes délicate en amitié : c'est un commerce où il faut toujours mettre du sien.

Demandez à Dieu de n'être point jalouse. N'espérez

pas faire revenir un mari par les plaintes, les chagrins et les reproches; le seul moyen est la patience et la douceur. *L'impatience aigrit et aliène les cœurs : la douceur les ramène.*

En sacrifiant votre volonté, ne prétendez rien sur celle de votre époux. Les hommes y sont encore plus attachés que les femmes, parce qu'on les élève avec moins de contrainte. Ils sont naturellement tyranniques. Ils veulent les plaisirs et la liberté, et exigent que les femmes y renoncent. N'examinez pas si leurs droits sont fondés; qu'il vous suffise qu'ils soient établis: ils sont les maîtres, il n'y a qu'à souffrir et à obéir de bonne grâce.

Parlez, écrivez, agissez, pensez, comme si vous aviez mille témoins; comptez que tôt ou tard tout est su; il est très-dangereux d'écrire.

Ne confiez à personne rien qui puisse vous nuire s'il était redit. Comptez que les secrets les mieux gardés ne le sont que pour un temps, et qu'il n'est point de pays où il y ait plus d'indiscrétion que celui-ci, où tout se fait avec mystère.

Aimez vos enfants, voyez-les souvent, c'est l'occupation la plus honnête qu'une princesse et qu'une paysanne puissent avoir. Jetez dans leur cœur la semence de toutes les vertus et, en les instruisant, songez que de leur éducation dépend le bonheur d'un peuple qui mérite d'être aimé de ses princes. Exposez-vous au monde selon la bienséance de votre état. Si vous êtes inaccessible, vous ne serez pas aimée.

Détruisez, autant que vous le pourrez, la vanité, l'immodestie, le luxe et encore plus les calomnies, les médisances, les railleries offensantes et tout ce qui est contraire à la charité.

N'épousez les passions de personne, c'est à vous à les modérer et non pas à les suivre. *Regardez comme vos véritables amis ceux qui vous porteront toujours à la douceur, à la paix, au pardon des injures; et par la raison contraire, craignez et n'écoutez pas ceux qui voudront vous exciter contre les autres, sous quelque apparence de raison et de zèle qu'ils couvrent leurs intérêts ou leurs ressentiments.*

Défiez-vous des personnes vaines, intéressées, ambitieuses, vindicatives; leur commerce ne peut que vous nuire.

N'ayez jamais tort; ne vous mettez point en état de craindre la confrontation. Donnez toujours de bons conseils si vous osez en donner. Excusez les absents et n'accusez personne. Encore une fois n'entrez point dans les passions des courtisans: vous leur plairez moins dans le temps de leur fureur; ils vous estimeront quand l'accès en sera passé. Une princesse (comme toute femme bien élevée) ne doit être d'aucun parti, mais établir partout la paix (1).

(1) A ce sage et prudent conseil, laissez-moi ajouter les paroles suivantes adressées aux femmes de notre époque par un de nos plus spirituels écrivains :

« Les Gaulois, dit-il, avaient réservé aux femmes un beau rôle dans la guerre : à elles appartenait d'enflammer le courage des hommes, de récompenser la valeur, le dévouement à la patrie et

Sanctifiez toutes vos qualités en leur donnant pour motif l'envie de plaire à Dieu.

Aimez l'État, aimez la noblesse qui en est le soutien : aimez le peuple, protégez les campagnes à proportion du crédit que vous aurez; soulagez-les autant que vous pourrez.

Aimez vos domestiques, portez-les à Dieu, faites leur fortune; mais ne leur en faites jamais une grande. Ne contentez ni leur vanité, ni leur avarice et que votre sagesse mette à leurs désirs la modération qu'ils devraient y mettre eux-mêmes. En protégeant quelqu'un qui vous est connu, songez au tort que vous pourrez faire à un homme de mérite que vous ne connaissez pas.

même le malheur. De tout temps, en France, les femmes ont gardé ce double rôle, noble et touchant, de tresser les couronnes et de faire la charpie.

« Mais quand il s'agit de la guerre impie, quand il s'agit de la guerre civile, de la guerre des frères, le rôle des femmes doit changer : celui qui leur convient alors, c'est le rôle des Sabines se jetant sans trembler entre les Romains et les Sabins pour empêcher le meurtre de leurs pères par leurs époux et faire rentrer les glaives sacriléges dans le fourreau.

« C'est ce que ne paraissent pas comprendre beaucoup de femmes aujourd'hui, qui se mêlent plus qu'il n'est nécessaire aux tracasseries et aux commérages de la politique quotidienne, qui se plaisent à agiter les esprits, à aiguiser les armes et à les empoisonner au lieu de panser et d'endormir les blessures. Si les femmes ont reçu de la nature la douce et belle mission de récompenser le courage, quand il s'agit d'une guerre contre l'étranger, d'une guerre qui intéresse l'honneur des hommes, la gloire, la prospérité du pays, ce n'est pas la seule fonction qui leur appartienne, et surtout quand il s'agit de discussions entre les enfants de la même patrie, leur devoir est d'adoucir la férocité des hommes et non d'exaspérer des passions déjà assez âpres d'elles-mêmes. »

Ne soyez point trop attachée au plaisir ; il faut savoir s'en passer et surtout dans votre état qui est un état de contrainte et de peine. Apprenez donc à vous contraindre et à souffrir.

Ne vous laissez point aller à vos mouvements intérieurs ; on a toujours les yeux ouverts sur les princes ; ils doivent donc avoir toujours un extérieur doux, égal et médiocrement gai. Cependant montrez que vous êtes capable d'amitié. Votre amie est malade, ne cachez point votre inquiétude ; elle meurt, montrez votre affliction.

On ne donne presque jamais aux princes qu'une maxime, qui est celle de la dissimulation : elle est fausse et fait tomber dans de grands inconvénients. J'aime bien mieux *une prudente franchise.*

Soyez tendre aux prières des malheureux. Dieu ne vous a fait naître dans ce haut rang, que pour vous donner le plaisir de faire du bien. Le pouvoir de rendre service et de faire des heureux est le vrai dédommagement des fatigues, des désagréments, de la servitude de votre état.

Soyez compatissante envers ceux qui viennent à vous pour obtenir des grâces ; mais ne soyez pas importune à ceux qui les distribuent et qui les donnent.

N'entrez dans aucune intrigue, quelque intérêt et quelque gloire que l'on vous y fasse envisager. Aimez vos parents, mais que la France soit votre seule patrie. La France ne vous aimera qu'autant que vous saurez l'aimer.

Soyez en garde contre le goût que vous avez pour l'esprit. Trop d'esprit humilie ceux qui en ont peu: l'esprit vous fera haïr du plus grand nombre, et peut-être mésestimer des personnes sages.

C'est une marque visible de prédestination que de passer de souffrance en souffrance et de porter sa croix chaque jour. Si cela est, Madame, vous êtes prédestinée, car vous aurez beaucoup à souffrir. Vous êtes la première femme du monde; mais il ne faut point vous flatter : quoi que vous fassiez, vous serez par cela même la plus malheureuse.

DEUXIÈME PARTIE

LA FEMME DANS LE MONDE

I

DANS LES LIEUX PUBLICS.

A L'ÉGLISE.

Si l'on peut dire en toute vérité que la bonne tenue est la manifestation des qualités morales, on peut ajouter qu'elle est surtout une marque de respect. A ce titre, où devez-vous mieux vous tenir qu'à l'église ?

En vous sentant ainsi plus spécialement en présence du Seigneur, vous devez songer à sa puissance et à votre néant ; vous n'aurez pas besoin alors de vous étudier à baisser les yeux, à marcher modestement, car vous serez pénétrée d'un sentiment profond qui concentrera sur un seul point toutes vos facultés et produira nécessairement une tenue respectueuse et recueillie. En dehors de ce maintien décent, humble et modeste que vous inspireront vos pensées, il est quelques règles de conduite dans l'église, que je dois vous communiquer.

Vous ouvrirez et refermerez la porte le plus doucement possible, non-seulement pour ne pas troubler les fidèles qui prient, mais encore par respect pour la majesté divine. Ce respect pour le Seigneur était si grand sous la loi ancienne, que l'histoire rapporte que Salomon fit tailler et préparer tous les matériaux du temple de Jérusalem avant de les transporter sur l'emplacement choisi, afin que le bruit du marteau ne frappât jamais un lieu que Jéhova devait habiter. Quelle différence entre ces sentiments et la conduite si peu réservée de certains chrétiens dans nos églises !...

Si vous accompagnez une personne à qui vous devez des égards, vous maintiendrez la porte ouverte jusqu'à ce qu'elle soit entrée, et vous la précéderez au bénitier pour lui offrir de l'eau bénite, que vous prendrez du bout des deux doigts de la main droite dégantée et que vous présenterez en vous inclinant légèrement. Si l'office est commencé, et que vous ne puissiez parvenir à votre place sans causer de dérangement, vous vous résignerez à rester au bas de l'église; car ce que vous devez éviter par-dessus tout, c'est de troubler en quoi que ce soit le service divin. A ce sujet, gardez-vous de la négligence qui porte certaines personnes à arriver toujours trop tard à l'église. Si l'exactitude est la politesse des rois, elle est le devoir d'un cœur aimant et empressé, et à ce titre, certes, nul ne doit y avoir plus de droit que Dieu.

Rendez-vous à votre place sans bruit, et si vous avez besoin de déranger quelqu'un, faites-le poliment par un mot d'excuse dit à voix basse. Si vous trouvez sur votre passage des connaissances, des amis, saluez-les modestement, mais sans contrainte, avec un sourire gracieux. Dieu ne veut dans sa demeure que des fronts épanouis, des regards satisfaits; il repousse une crainte servile et une dévotion scrupuleuse et morose.

Ne parlez dans l'église que lorsque la charité vous en fera un devoir : ainsi, pour demander à une petite amie qui garde son livre fermé, si elle veut que vous lui cherchiez les diverses parties de l'office; pour lui indiquer à quel endroit est la messe; pour demander de la monnaie pour la quête, si vous n'avez pas eu la précaution de vous en munir; pour vous informer si vous pouvez être utile en quelque chose à une personne que vous voyez pâle et prête à se trouver mal. Sauf des cas du même genre, soyez extrêmement sévère au sujet du silence dans l'église.

Prenez bien garde que, sous le prétexte spécieux d'un redoublement de dévotion, votre amour-propre ne vous porte à vous singulariser dans votre tenue à l'église; par exemple, il est d'usage dans certains pays de quitter sa chaise pour se mettre à genoux par terre au moment de l'*Élévation*. C'est une pieuse et louable coutume, puisqu'elle a pour but de nous humilier plus profondément au moment de l'auguste sacrifice; mais bien loin de vous conseiller de la pratiquer dans une localité où elle n'est pas en usage, je vous engage à vous en abstenir; car elle aurait pour résultat de détourner l'attention de vos voisins, d'en déranger quelques-uns et de donner à penser que vous visez à vous faire remarquer.

Suivez avec soin les divers mouvements indiqués dans

le cérémonial de l'église, et si vous jugez convenable de rester à genoux pendant que la majeure partie des fidèles sont assis, abstenez-vous, à moins de motifs de santé, de demeurer jamais assise par exception. Avant de quitter l'église, tenez-vous quelques minutes en adoration devant le Saint-Sacrement et retirez-vous modestement, sans précipitation.

Hier, dimanche, en allant à la messe, je me remémorais ce que je vous avais dit dans les lignes précédentes, écrites deux ou trois jours avant ; il me semblait que j'avais épuisé mon sujet ; mais à peine avais-je pris place dans l'église, que je m'aperçus, à mon grand regret, que j'avais omis de vous signaler bien des travers à éviter. J'étais placée sur le bord d'un des principaux passages ; mais quelque large qu'il fût, les *belles dames* trouvaient moyen d'effleurer ma chaise de leurs vastes jupes faisant crier à la fois la soie de la robe et l'empois des jupes bouffantes : c'était un *frou-frou* étourdissant, que renforçaient encore d'incroyables mouvements d'épaules, une démarche pressée et rapide et le brusque déplacement de chaises. Sont-ce là, me disais-je, les manières d'une femme comme il faut, et est-ce dans la maison du Seigneur que l'on doit paraître ainsi occupée de soi et troubler toute l'assistance du frôlement de ses robes?... Je vous laisse, mon enfant, le soin de répondre à cette question, et je suis sûre que vous aurez soin de diminuer le nombre de jupons amidonnés plutôt que de faire lever toutes les têtes sur votre passage et distraire tous les cœurs.

Vous vous souviendrez de ce que je vous disais dans mes conseils au sujet de la toilette à l'église : « Je n'aime pas une toilette à effet à l'église ; il me semble que lorsqu'on va s'incliner aux pieds du Seigneur pour y reconnaître sa faiblesse, il est peu séant de se couvrir des signes extérieurs de la vanité et de l'orgueil. »

Si la prétentieuse et bruyante démarche de quelques femmes m'avait déjà si tristement frappée, quel ne fut pas mon chagrin lorsque, me faisant observatrice à votre profit et malgré la sainteté de la maison du Seigneur, je remarquai l'air hautain, protecteur, avec lequel beaucoup trop de femmes gagnaient leur place, dérangeant, sans même daigner payer la politesse qu'elles exigeaient d'un sourire d'excuse, dérangeant, dis-je, les gens modestement vêtus sans se préoccuper des distractions et de l'humeur qu'elles pouvaient causer. Mais du moins, pensai-je, une fois installées sur leur prie-Dieu, ces belles dames vont songer au but de la visite qu'elles font au Seigneur et déposer leurs arrogantes manières... Mon charitable espoir devait encore être trompé. Après une très-légère inclination de tête, les grands airs reprirent leur cours, et vraiment, à voir ces têtes parées se promener sur l'auditoire, ou se fixer sans fléchir vers l'autel, on eût pu oublier aisément où l'on se trouvait et se croire dans une réunion mondaine, où le seul soin des assistantes était de dominer et d'écraser autrui du poids de sa supériorité. Et dans le nombre de ces femmes, beaucoup, la majeure partie même étaient jeunes ; il ne leur aurait fallu, pour paraître presque des enfants, qu'un peu de cette aimable simplicité qui devient chaque jour plus rare. Beaucoup assurément n'avaient pas dans le cœur l'orgueil que marquait leur tenue, beaucoup s'humiliaient dans le fond de l'âme pendant que leur physionomie démentait leurs sentiments et les faisait mal juger. Pauvres jeunes femmes! elles s'imaginaient prendre une apparence de dignité, de *comme il faut*, et elles offensaient Dieu et blessaient le regard des hommes. Je n'insiste pas; votre bon esprit a saisi, j'en suis sûre, toute ma pensée, et désormais plus encore que par le passé, vous vous efforcerez à l'église de vous montrer simple, modeste, bienveillante et polie.

Ah! j'oubliais une dernière recommandation : à l'église, *sous aucun prétexte*, on ne donne ni on n'accepte le bras. Dans le cas d'un mariage seulement, la personne qui conduit la mariée lui offre la main.

Je termine ce paragraphe par une citation empruntée à un spirituel, mais peu dévot critique, afin qu'elle corrobore tout ce qui précède, et vous prouve que ce n'est pas seulement au point de vue chrétien, mais à celui même des convenances mondaines, que votre tenue à l'église doit être irréprochable.

« Les femmes mondaines, dit-il, ont une singulière religion : c'est le dimanche, en grande parure, qu'elles font à Dieu, dans ses églises, une visite de cérémonie, à l'heure où tout le monde y va et où elles espèrent bien ne pas rencontrer le maître de la maison, alors, chacune, sous prétexte de prier Dieu, ne néglige aucun moyen de le faire oublier aux autres; par la parure, par les attitudos, on s'efforce d'attirer l'attention des fidèles et de les damner, en leur faisant adorer des idoles. »

A LA COUR.

Si Paris est le centre de la civilisation, c'est tout simplement parce que ses salons ont su toujours se plier aux exemples donnés par la cour, qui a été de tout temps le point de départ de cette urbanité pleine de charme qui place la France à la tête du monde élégant et poli. La cour est donc la gardienne fidèle de toutes les traditions du bon goût. Mais on comprend que ce dépôt n'a pu être fidèlement conservé que moyennant des règles sévères qui pussent l'empêcher de s'altérer : ces règles, connues sous le nom d'*étiquette*, sont formulées dans un code spécial nommé *cérémonial*. De nombreux dignitaires, maîtres de cérémonie et chambellans, sont chargés d'en étudier tous les points et d'en surveiller l'entière exécution.

On se tient à la cour comme dans les salons aristocratiques; pas de raideur, de contrainte ou de gêne, mais une gracieuse aisance qui dénote l'homme distingué.

« Pour les femmes le costume ordinaire dans les réceptions du jour, est complété le soir par le manteau de cour; — pour les hommes, la mode, revenant sur l'ancien bon goût oublié, en a fait revivre ce qu'il y avait de plus gracieux. — La cravate blanche y a reparu laissant de côté la cravate noire, qu'on ne voit plus qu'à la bourse ; la culotte courte, le bas de soie et le soulier verni ont répudié la botte incivile et le pantalon citadin : l'habit, modifié à la française, remplace avantageusement le frac et ses angles aigus, et le chapeau rond imitant un pâté de Strasbourg, a fait humblement place au claque élégant, si facile et de si bonne compagnie.

« On annonce à haute voix votre entrée, et saluant profondément une fois, vous vous avancez sur l'invitation que le chambellan vous en fait, ayant grand soin de vous enquérir auprès d'eux des formes voulues de l'étiquette. Mais ce dont vous n'aurez à prendre de leçon de personne, si vous comprenez bien les principes que dicte chacune des lignes de cet ouvrage, c'est la gravité et l'air respectueux avec lesquels on doit approcher d'un monarque ou de tout autre homme revêtu d'une charge *unique* dans un État ; car cette dignité présume le concours des volontés d'un peuple, et s'adresser à elle, n'importe à quel titre, c'est le reconnaître.

« On doit, dans un palais, parler à peu près aussi bas que dans une église, y marcher aussi lentement et tâcher de passer inaperçu ; dans toutes les circonstances possibles, ne pas chercher à attirer l'attention est du bon goût, et même utile aux plus vaniteux ; car il est si difficile d'être content en ce genre, et si douloureux de ne l'être point, que le plus sûr est de ne montrer aucune prétention ; le plus sage est de n'en point avoir.

« La règle des trois révérences (une en entrant, une à dix pas et une à trois pas), quand on paraît devant le roi, la reine, les princes ou princesses du sang, s'observe pour les femmes comme pour les hommes. Cette révérence n'est plus embarrassante comme à l'époque où les femmes portaient des manteaux de trois aunes de long ; mais de ce que le salut ne demande plus les leçons d'un bon maître, il ne s'ensuit pas qu'il soit supprimé. On le doit et il faut tâcher de le bien faire, non-seulement pour entrer chez le roi, mais encore dans le plus modeste salon. — On ne salue ni de la tête ni des épaules, mais sans aucune affectation en s'inclinant et pliant le genou.

« En parlant au roi on dit *Sire*, puis on parle à la troisième personne en employant les mots *Votre Majesté*, ou *le Roi*.

« A la reine, on dit *Madame*, et à la troisième personne *la Reine* ou *Votre Majesté*.

« Aux princes, *Monseigneur* et *Votre Altesse Royale*, mais on n'emploie qu'une fois ou deux cette dernière locution, parce qu'elle allonge le discours et qu'on ne saurait être trop bref en parlant à de grands personnages.

« Aux princesses, *Madame* et *Votre Altesse Royale*, en faisant la même observation que ci-dessus.

« Quelques personnes en Europe portent le titre de prince, sans appartenir à aucune famille régnante, — à ceux-là on dit simplement *mon prince* et à leur femme *princesse*, si l'on vit dans leur intimité, et *madame* en tout autre cas; on doit éviter aussi soigneusement pour ceux-là le *monseigneur* que le mot *prince* pour les membres d'une famille régnante. — Tous les autres titres ou dignités ne prennent que le simple mot monsieur; monsieur le duc, monsieur le maréchal, etc. — Pour un prince du sang portant le titre de duc ou de comte, en parlant de lui on fait précéder également le titre du mot monsieur : M. le duc de Berry ; madame la duchesse d'Angoulême. »

Le titre d'*Excellence* est dû aux ministres, « et je suis d'avis, dit madame la comtesse de Bradi, de n'y point manquer. En tout, je vous le répète, entourer de respect les autorités, c'est diminuer de beaucoup la teinte de servilité qui colore les sollicitations. Cependant, quand le bon droit est pour vous, sachez insister, mais sans altérer votre ton envers la puissance à laquelle vous résistez. — Anne d'Autriche, régente de France, faisait assez souvent fouetter son fils, qu'elle saluait pourtant comme son roi. L'enfant souverain lui dit un jour: — Eh! Madame, ne me faites pas tant de révérences et ne me faites pas tant donner le fouet. La régente continua à reconnaître dans son fils les deux caractères de monarque et de petit garçon; il fut toujours, selon les circonstances, salué et corrigé. — C'est ainsi qu'il faut agir quand on parle pour soi ou pour les autres, et que l'on défend une cause juste. Je sais que parfois l'impertinente hauteur des gens en place rend le respect assez difficile; mais eux-mêmes sont contenus dans de justes bornes par la déférence qu'on leur témoigne; et s'ils manquaient jamais de politesse envers vous, votre amour-propre blessé vous suggérerait des paroles froides, des inflexions nouvelles qui les blesseraient bien plus profondément que ne le feraient des manières inconvenantes. Quand le mépris est au fond du cœur, il se manifeste sans peine et sans éclat. »

A propos de l'anecdote sur l'enfance de Louis XIV, citée par madame de Bradi, il est bon de remarquer combien la conduite judicieuse d'Anne d'Autriche, qui choquait l'enfant, fut jugée différemment par l'homme. Aucun homme, peut-être, ne sut aussi bien puiser dans le souvenir de sa mère un sentiment d'estime et de respect qui, d'elle, s'étendit à tout son sexe. C'est en effet un des traits distinctifs du caractère de Louis XIV que l'excessive politesse dont il ne se départit jamais à l'égard des femmes. On raconte qu'il avait coutume lorsqu'il sortait à pied du château de Versailles, de se découvrir en passant devant une humble marchande de gâteaux, dont l'échoppe était à côté de la grille. — Un jour un courtisan nouvellement arrivé à la cour ne put réprimer un geste d'étonnement. — Eh! Monsieur, lui demanda le monarque qui s'en aperçut, la mère du roi n'est-elle donc pas une femme?

A LA PROMENADE.

La première préoccupation d'une femme dans la rue est de prendre grand soin de garantir de la boue sa chaussure et le bas de ses vêtements; il faut donc vous accoutumer, ma chère enfant, à marcher adroitement, avec une attention continuelle et à savoir soutenir votre robe d'une manière à la fois gracieuse, décente et naturelle. De plus vous sonderez d'un regard rapide le chemin où vous allez poser vos pas, afin d'éviter les endroits boueux où vous risqueriez non-seulement de vous salir, mais encore d'éclabousser les passants.

Si vous voyez venir à vous un vieillard ou une personne à qui vous croyez devoir de la considération, rangez-vous immédiatement pour lui céder le *haut du pavé*, c'est-à-dire le côté des maisons. Un homme bien élevé a toujours cette politesse pour une femme quels que soient son rang et son âge. Si par hasard la rue ou la promenade est encombrée, gardez-vous de montrer une précipitation inconvenante, ne coudoyez personne, mais ralentissez le pas et laissez-vous en quelque sorte porter par le flot des promeneurs. Il vaudrait mieux, toutefois, si vous en aviez le temps, vous retirer de la foule et la laisser écouler avant de continuer votre chemin.

Quand les rues sont libres, il est de toute politesse de ne froisser, de ne heurter personne en passant à côté; si des gens âgés, ou dont le rang inspire le respect, se croisent avec vous, et qu'il n'y ait pas suffisamment de place pour passer de front, rangez-vous le long du mur pour les laisser passer. S'il pleut, prenez garde d'accrocher les parapluies, en ayant soin d'élever ou de baisser le vôtre, en raison inverse du mouvement que feront les autres.

« Il faut, dit un sage conseiller, laisser à quelques étourdis de mauvais ton le plaisir inconvenant de rire au nez des personnes qui leur sont entièrement inconnues, ou de faire sur leur compte, de manière à être entendues, des observations indiscrètes. Nous ne saurions trop dire combien de jeunes personnes — ou de jeunes femmes — s'exposeraient à être mal jugées si, en passant près d'un homme, elles se tournaient l'une vers l'autre avec un air mystérieux, laissant à supposer qu'elles se communiquent, relativement à lui, des réflexions soit en bonne, soit en mauvaise part. »

Un autre écueil à éviter consiste à élever la voix, à en changer l'inflexion, en un mot, à prendre un air prétentieux en approchant d'un groupe ou en voyant quelqu'un s'approcher. — J'ai dit écueil, parce que ce défaut, commun à la majorité des femmes, est presque naturel en nous ; c'est une sorte de coquetterie naturelle, qu'on peut remarquer dans une petite fille, bien avant qu'elle ait l'âge de rendre compte des motifs de vanité qui la font agir. L'éducation doit corriger ce défaut, je dirai, pour ainsi dire, plus encore, en ajoutant : Ce ridicule.

« Un homme bien élevé salue une femme parce que c'est une femme, ne l'eût-il jamais vue précédemment, s'il la rencontre dans une situation, dans un endroit où il est immanquable qu'il la voie, et où s'établit entre eux la plus passagère, la plus fugitive, la plus imperceptible relation, telle que la rencontre dans un chemin étroit à la campagne, surtout si le chemin est assez étroit pour qu'il faille le partager ; si elle passe devant lui ou s'il est obligé de passer devant elle dans un escalier, par la même raison et aussi parce que c'est une apparence de relation que d'entrer dans la même maison ou d'en sortir, et qu'un homme bien élevé ne laisse échapper ni une occasion ni un prétexte d'être poli avec une femme. »

Vous accueillerez, ma chère enfant, cette politesse avec un air de réserve, mais sans sauvagerie affectée, et vous y répondrez par une inclination polie. Vous ne témoignerez surtout aucun sentiment d'étonnement ou de contrariété, car il n'y a jamais de raison pour qu'une femme se montre surprise de la politesse d'un homme qui la salue respectueusement. C'est un hommage rendu, en sa personne, à la dignité de la femme. — Mais vous ne saluerez pas la première, à moins que la personne que vous rencontrez ne soit un vieillard, un parent, un ami intime ou très-jeune homme, le fils d'une amie ou d'une parente, dont votre devoir est d'encourager la timidité.

Si l'on vous aborde, vous engagerez, en premier lieu, votre interlocuteur à se couvrir, ce qu'il ne fera qu'après quelques instants, et si le soleil ou le froid sont par trop incommodants. N'entamez pas de longues conversations, et, par votre réserve, laissez comprendre que le lieu pourrait être mieux choisi pour un entretien.

Si vous vous promenez avec des vieillards ou des femmes auxquelles vous devez des égards, vous réglerez votre pas sur le leur et leur laisserez prendre l'initiative sur la route à suivre et l'opportunité du retour. Quel que puisse être à cet égard votre désir personnel, vous ne laisserez voir ni ennui, ni contrainte. — Avec des égaux, vous donnerez votre avis, mais avec mesure et sans avoir l'air d'y tenir; pour peu qu'il n'ait pas l'assentiment général, vous l'abandonnerez sans laisser paraître que vous le regrettez. On ne doit pas devancer les personnes que l'on accompagne, ni demeurer en arrière, surtout si l'on avait dû accepter le bras d'un étranger. Dans ce dernier cas, comme il ne serait pas convenable d'avoir l'air de s'isoler, on doit toujours se tenir à portée du regard et de la voix. — C'est en de semblables matières qu'une femme qui tient à sa réputation doit montrer une excessive prudence. Bien entendu que vous ne devez, sous aucun prétexte, vous montrer tête à tête, en voiture, avec un homme étranger.

En longeant une propriété à la campagne, soyez réservé dans votre critique; ne louez que ce qui est réellement joli et bien, mais abstenez-vous de blâmer. Songez que votre goût peut être moins bon que celui qui a présidé à l'arrangement de ce jardin, à la construction de cette maison, et que votre critique peut être entendue par le propriétaire et le blesser. Bien plus, il n'en faut pas davantage, quelquefois, pour dégoûter un homme faible ou changeant de ce qui faisait auparavant son orgueil et sa joie. Thèse générale, faites en sorte, de garder pour vous les impressions mauvaises, et de n'exprimer jamais que des pensées gracieuses et bienveillantes, et ce sera là, croyez-le bien, de la politesse du meilleur aloi.

Avant de clore l'article *Promenades*, je dois, ce me semble, mettre en garde les jeunes mères contre le danger des *promenades à la mode pour les enfants*, et leur signaler l'inconvénient et le ridicule de la tendance des femmes de notre époque à transformer en *petites femmes* ces chères enfants qu'il est cependant si beau et si bon de conserver le plus longtemps possible dans toute la simplicité de leur âge.

« Il n'est pas rare, a dit ce même critique spirituel dont je vous ai plusieurs fois fait connaître le jugement, il n'est pas rare de voir des petits garçons, c'est-à-dire des enfants qui doivent devenir un jour des hommes. — Ils ont leurs goûts, leurs plaisirs qui leur sont propres.

« Mais, dans toute ma vie, je n'ai vu qu'une ou deux petites filles. — Des petites filles sont des femmes plus petites que les autres, — mais ce sont des femmes. A six ans, elles songent à plaire et n'ont d'autre pensée. Voyez-les dans leurs jeux les plus attrayants en apparence : elles n'oublient jamais qu'elles sont en spectacle, et elles jettent de temps en temps un coup d'œil en dessous pour juger de leurs succès. Une petite fille de six ans a déjà des airs mélancoliques et des mines rêveuses comme une fille de seize ans; cela ne veut pas dire qu'elle soit rêveuse ou mélancolique; c'est tout simplement une mine qu'elle a choisie comme on choisit un ruban, parce qu'elle lui sied bien, parce qu'elle va à la nuance de ses cheveux.

« La plupart des mères traitent leurs petites filles comme des poupées perfectionnées; elles les habillent en *dames*, elles leur mettent des crinolines, elles leur apprennent une démarche pour avoir de la grâce; ce ne sont pas des enfants qui jouent pour s'amuser, ce sont des actrices qui jouent un rôle pour être admirées. — Écoutez comme ces petites fillettes parlent entre elles, à la *cantonade*, pour la galerie. — Voyez-les, tout heureuses d'être regardées, payer cette attention d'un regard bienveillant lancé de côté; et, en déplorant cette coquetterie prématurée, ce frivole et déjà presque coupable besoin de plaire et de faire de l'effet, demandez à ces mères imprudentes ce qu'elles peuvent espérer d'un avenir dont elles savent si mal établir les bases? »

Et elles se diront chrétiennes, ces femmes qui oublient que la simplicité, la modestie la timidité sont les vertus essentielles de l'enfance; elles se diront chrétiennes, ces mères frivoles qui, au lieu de conserver avec un soin religieux l'innocence et la pureté du cœur de leurs chères enfants, leur enseignent elles-mêmes les éléments de la coquetterie et de la vanité.....

Je n'insisterai pas sur ce sujet, car je suis sûre qu'une semblable manière de voir est aussi loin de vos principes que de vos habitudes, et que jamais vous ne sacrifierez, dans la personne de vos enfants, aux exigences de la mode et d'un soi-disant bon ton qui serait encore ridicule lors même qu'il ne serait ni dangereux ni coupable. Mais je veux, dût cette connaissance causer à votre bon cœur une triste impression, je veux, dis-je, que vous sachiez jusqu'où peut aller à cet égard le travers de certaines femmes. Je laisse encore parler le spirituel critique dont je vous citais tout à l'heure l'appréciation.

« Il est, dit-il, dans le jardin des Tuileries, entre une muraille élevée, tapissée d'une charmille, et un carré de fleurs et de gazon, un coin à l'abri du nord et exposé au soleil. Cette partie du jardin appartient, de temps immémorial, aux enfants et aux vieillards; tout le monde le connaît sous le nom de *Petite-Provence*. C'est une température exceptionnelle et un jardin à part dans le jardin des Tuileries. La toilette n'y est pas de rigueur; les douillettes les plus excentriques et les spencers des vieillards n'y causent aucun étonnement; les mères, tout en surveillant les jeux de leurs enfants, lisent ou festonnent; les jeux y sont libres et sans contrainte, et on y voit souvent un bon vieillard renvoyer avec sa canne une balle égarée ou un cerceau irrévérencieux, et se mêler en souriant aux jeux de cette génération qui va les remplacer et hériter successivement de leurs travaux, de leurs plaisirs, de leurs chagrins et de leurs rhumatismes.

« Mais certaines mères ont commencé par défendre à leurs enfants de jouer avec les enfants médiocrement vêtus; puis elles ont fini par mettre un terme à une habitude qui exposait des enfants couverts de soie et de velours, à n'avoir qu'un seul et même abri, qu'un seul et même soleil avec des enfants vêtus de blouses ou de simples vestes de drap; et elles ont abandonné avec leurs enfants la Petite-Provence, pour aller fouler plus près du château, aux environs d'un des petits bassins, le *Mother's club* fashionable, et abusant du mot de Cornélie, mère des Gracques qui disait, en montrant ses enfants : Voici mes bijoux et mes ornements, elles font d'une foule de petites créatures innocentes une collection de poupées richement et bizarrement vêtues, une sorte de complément à leur propre parure, se piquant d'avoir des enfants bien mis comme on se pique d'avoir un bel équipage et de beaux chevaux. — Il est vrai qu'il n'y a pas là l'abri de ce bon mur de la Petite-Provence qui arrête le vent et qui reflète le soleil ; il est vrai que l'air y est âpre et le soleil moins doux..... qu'importe ! on y est en vue et on obéit à la mode.....

« Ce n'était pas assez de couvrir leurs poupées vivantes de soie, de velours et de dentelles, les mères ont cherché à se distinguer encore d'autre façon ; il a fallu avoir des *bonnes* excentriques, des mulâtresses avec le madras sur la tête, des Normandes avec le bonnet cauchois, des Provençales couvertes de paillettes. — Il est vrai que les enfants, partageant la *vanité* des mères, mettent de la prétention jusque dans leurs jeux... il est vrai que, entre ces petits masques habillés selon les plus vaniteux caprices, quelques-uns déguisés en Écossais à jambes nues, sortant d'un appartement chaud où ils ont les jambes couvertes, courent les plus grands dangers et sont parfois violets de froid..... il est vrai qu'à huit ans les petites filles ont des airs langoureux et semblent désillusionnées et revenues des déceptions de la vie ; il est vrai que toutes ces petites marionnettes sont *très-ridicules et reçoivent là une éducation de vanité qui en fera une génération sotte, incapable et insupportable;* mais le *Mother's club* est constitué, et à coup sûr ce n'est pas pour l'amélioration des enfants. »

A ce tableau tracé avec un pinceau si observateur et si habile, je n'ajouterai qu'un seul épisode pour vous mettre en garde, ma chère enfant, au sujet des bals d'enfants. D'abord ces bals furent des réunions intimes, de famille en quelque sorte où les enfants, gracieusement vêtus mais sans luxe, dansaient et s'amusaient aux jours de fête ou de congé. Plus tard ces réunions changèrent de forme et prirent des proportions dangereuses, en offrant la copie d'un bal de grandes personnes avec son luxe de toilettes, ses petites rivalités d'amour-propre et de vanité; mais du moins savait-on avec qui ses enfants étaient en contact, et était-on sûr qu'ils ne pouvaient faire de mauvaises connaissances. Maintenant on n'a plus même cette garantie; les bals d'enfants sont des bals publics où chacun paie le droit d'entrée et où se mêlent et se confondent les enfants de rang et d'éducation les plus disparates; on n'exige qu'une chose, la toilette. Et des femmes honorables qui pour rien au monde n'iraient dans un bal payant, n'hésitent pas à y conduire leurs enfants: à cet âge, disent-elles, c'est sans conséquence... Et ces mêmes mères qui interdisent à leurs enfants de se mêler dans la Petite-Provence aux jeux inoffensifs et innocents d'enfants moins bien mis qu'eux, il est vrai, mais dont elles peuvent surveiller les allures et les conversations, souffrent que leurs petites filles, que leurs jeunes garçons, sous prétexte d'un quadrille, d'une valse, d'une polka, — car on permet tout dans un bal d'enfants, — s'isolent toute une demi-journée dans des groupes de petits êtres dont la moralité et les manières leur sont inconnues !... J'ai voulu voir un de ces bals, je suis allée au Jardin d'hiver, et malgré l'éclat du coup d'œil, malgré la grâce parfaite de ces jolies poupées, malgré le charme d'un excellent orchestre, aucun spectacle ne m'a jamais si tristement impressionnée.

Si j'ai réussi à faire aimer à mes lectrices la simplicité pour elles-mêmes, la simplicité dans les habits, les goûts, les habitudes, les plaisirs ; qu'elles prennent garde à la manière dont elles transmettent à leurs enfants ce saint et précieux trésor ; qu'elles craignent tout ce qui pourrait y porter atteinte, et, entre tout, qu'elles se gardent, pour eux, du luxe de toilette, des promenades, des bals et des spectacles d'enfants.

CHEZ LES MARCHANDS.

Saluez en entrant et expliquez de suite ce que vous désirez, — songez que pour l'homme qui travaille, le temps vaut de l'or et que lui en faire perdre inutilement, c'est commettre de tous les vols le plus odieux ; car seul il ne peut se réparer. Soyez polie avec les commis comme avec les chefs de maison. Ne faites pas étaler cent pièces d'étoffe pour choisir une misère ; à la perte de temps vous ajouteriez une fatigue inutile ; ne faites déplier que dans la qualité et le prix où vous voulez réellement acheter, et faites-vous un point de délicatesse de ne pas céder, même malgré les instances qui pourraient vous être faites, à une vaine curiosité.

Ne vous avancez jamais trop près d'un étalage de bijoux et autres objets faciles à détourner; mais si, laissant à votre disposition plusieurs objets, le commis s'éloigne un instant, cessez aussitôt de les toucher, et, reculant de quelques pas, attendez son retour pour reprendre votre examen.

Tout cela est du bon ton; mieux encore c'est de la discrétion. — Dans les maisons où vous n'êtes pas bien connue on pourrait d'ailleurs vous supposer des intentions mauvaises; « il y a tant d'adroits filous qui se servent du prétexte de regarder de très-près pour escamoter quelque objet précieux, qu'il faut éviter leurs allures. »

Si l'objet que vous avez choisi et payé est trop volumineux pour que vous l'emportiez vous-même, — je dis trop volumineux, parce que je n'approuve pas qu'une femme qui ne se croit pas trop grande dame pour aller *à pied* et *seule* faire des emplettes, trouve malséant de se charger elle-même d'un tout petit paquet et dérange ainsi un marchand sans nécessité, — laissez votre adresse et ne vous montrez pas trop exigeante pour le moment où l'on vous l'apportera.

Rien n'était plus désagréable, rien ne rendait l'esprit plus taquin et plus défiant, que cette éternelle nécessité de marchander, où se trouvait autrefois réduit tout acheteur. — Grâce à Dieu, maintenant, dans tous les magasins convenables, on vend et on achète à prix fixe, ce qui simplifie singulièrement les relations commerciales usuelles. — Cependant *savoir marchander* est aussi un talent indispensable à toute femme de ménage, car le prix fixe n'a malheureusement point été appliqué encore à nos marchés, où si l'on ne débattait pas le prix, on serait parfois volé de moitié.

Marchandez donc, si vous avez la bonne habitude d'accompagner votre cuisinière au marché; marchandez, mais du moins faites-le avec politesse et convenance. Ne dites pas au marchand: *Vous êtes un voleur!* en lui offrant brutalement moitié prix de ce qu'il vous demande; mais employez une tournure polie en déclarant, par exemple, qu'il est possible, que telle soit la valeur de l'objet en question, mais qu'alors vous vous en passerez, attendu que vous ne voulez pas dépasser tel chiffre; et sans avoir l'air d'hésiter, faites mine de vous éloigner. Si le marchand peut vous faire un rabais, il ne vous laissera pas partir. S'il ne le fait pas, c'est, croyez-le, que cela lui est tout à fait impossible; mais alors même il le regrettera et se montrera poli avec vous.

Un objet ne vous convient pas, ne le prenez pas, mais sans le dédaigner; vous blesseriez le marchand et souvent vous seriez injuste, car il arrive fréquemment que les femmes qui se croient très-connaisseurs sont fort mauvais juges. N'intervenez jamais dans les marchés des autres, ni en faveur du marchand dont vous auriez l'air d'être le compère, ni en faveur du chaland dont les intérêts ne vous regardent pas. N'entrez pas en conversation avec vos marchands. Soyez poli, mais laconique ; la familiarité ne vaut jamais rien, surtout avec des gens dont l'éducation peut laisser à désirer.

Si vous avez des observations à faire à un marchand sur la qualité d'une précédente fourniture, attendez pour les faire que personne ne puisse vous entendre. Outre que vous ménagerez ainsi sa susceptibilité, vous sauvegarderez ses intérêts, qui pourraient souffrir d'un reproche mal compris par un tiers, et vous le rendrez plus disposé à reconnaître la justice de votre réclamation et à y faire droit.

Ne soyez ni tracassière, ni exigeante ; sachez vous contenter de ce qu'il y a, et ne demandez rien qui puisse porter le moindre préjudice aux intérêts du marchand. Ne réclamez que ce qui est juste, ce que vous êtes en droit d'exiger et rien de plus.

II

DES VISITES.

« Plus on reste chez soi, et moins on a envie de sortir ; plus on sort et moins on se plaît à la maison. » Si j'ajoute que le bonheur véritable est dans son intérieur, au foyer de la famille, vous comprendrez, mon enfant, combien vous devez être sévère pour les relations inutiles, pour ces plaisirs bruyants qui vous entraîneraient de fête en fête, de maison en maison, loin de vos parents qui sont vos meilleurs amis. Mais s'ensuit-il que vous devez renoncer à toute espèce de visite? Assurément non, car si Dieu vous a fait pour goûter et faire goûter à vos proches les joies de la famille, il vous a destinée aussi à une mission plus étendue ; vous ne pouvez rester un membre inutile de la société ; il faut que vous la serviez dans la position où vous vous trouvez placée, et que vous remplissiez tous les devoirs qu'elle impose. Or, un de ces devoirs consiste dans les visites que vous ne pouvez vous dispenser, dans certaines occasions, de faire et de recevoir, « car les visites ont l'avantage de rapprocher les hommes, d'établir et d'entretenir parmi eux des rapports plus intimes que ceux auxquels les affaires donnent lieu momentanément. »

« On ne peut nier, continue le même auteur, que les visites ne soient souvent favorables aux réconciliations entre parents et amis divisés. Par exemple, l'usage des visites du jour de l'an facilite souvent un rapprochement évité et négligé jusque-là. »

« L'obligation, dit Châteaubriand, où l'on est de recevoir son voisin ce jour-là, fait que l'on vit bien avec lui le reste de l'année, et par ce moyen la paix et l'union règnent dans la société. »

Vivez donc retirée par attrait et par choix, mais sachez quitter votre solitude quand la bienséance le demande. Autant que vous le pourrez, que ce ne soit cependant que pour des personnes pieuses dont la conversation vous sera édifiante et utile; vous n'aurez pas ainsi à regretter le temps que vous aurez passé avec elles. Quand vous aurez à voir des personnes dont les principes ne sont pas les vôtres, ne leur accordez que le temps strict qu'exigent les bienséances : soyez aimable, polie, mais tenez votre cœur en garde contre toute surprise, et assurez-vous en consultant votre conscience que ce n'est pas un plaisir que vous avez voulu vous procurer, mais un devoir que vous avez rempli. — Nous diviserons les visites en trois catégories bien distinctes : les visites de cérémonie et de bienséance, toujours obligatoires, les visites d'amitié et les visites de charité.

DES VISITES DE BIENSÉANCE.

On appelle visites de bienséance toutes celles qu'exigent la politesse et l'usage du monde. Ainsi les visites de nouvel an, celles de félicitation, de condoléance, à l'occasion d'une mort, d'une maladie, de la perte d'un procès, d'un mariage, d'une naissance; les visites pour prendre congé, celles d'arrivée; les visites à un fonctionnaire public, à un haut personnage. Ces visites doivent se faire après midi, dans une toilette convenable, avec la recherche que l'on croit pouvoir se permettre dans la mise; car il serait peu convenable que la personne visitée vous rencontrât dans la rue, chez une personne moins qualifiée, plus parée que lorsque vous vous êtes présentée chez elle. Pour une visite de mort, mettez-vous en deuil si vous avez les vêtements nécessaires, sinon que votre costume soit au moins le plus sérieux, le plus sombre possible, afin qu'il ne fasse pas un contraste trop douloureux avec la tristesse à laquelle vous allez vous associer.

Les visites de cérémonie se comptent et se rendent à des distances déterminées.

Les visites de bienséance sont de rigueur après une invitation à un dîner ou à une soirée, qu'on l'ait ou non acceptée; avant une invitation, une soirée, si l'on connaît peu les maîtres de la maison et qu'on ne soit jamais allé chez eux.

Si l'on ne trouve pas la personne que l'on va visiter,

on laisse une carte dont on a soin de plier un des coins, afin d'indiquer qu'on s'est présenté soi-même. Dans les grandes villes et dans certains cas, comme après une invitation à une soirée, après la réception d'une lettre de faire part, à l'occasion même du nouvel an, on est dispensé d'une visite; l'envoi d'une carte sous enveloppe suffit. Dans ce cas, on doit mettre autant de cartes qu'il y a de membres dans la famille, sauf, bien entendu, les enfants qui ne comptent pas.

On ne demande des nouvelles de leur santé qu'à ses amis, à ses égaux. On se borne à présenter l'hommage de son respect à ses supérieurs. — *Comment allez-vous?* est une locution vicieuse, et *jouissez-vous d'une bonne santé?* ne s'emploie plus. On dit simplement : *Comment vous portez-vous?* On répond à cette formule par un remercîment; de plus, on retourne d'ordinaire la question.

Les visités s'empressent d'offrir des siéges; c'est surtout le devoir des enfants de la maison. On doit se hâter de leur en éviter la peine en les prenant soi-même; mais en sortant, il est de très-mauvais ton de prendre le même soin en les remettant en place. On sort, les laissant au lieu où l'on était assis.

Les places près de la cheminée sont, en hiver, les plus honorables, et c'est justement pour cela, mon enfant, que vous aurez bien soin de ne pas les choisir; mais si l'on insiste pour que vous changiez, il ne serait ni poli ni convenable de vous faire longtemps prier. Le bon ton, en visites, comme à table, comme partout, consiste surtout à obéir simplement, sans affectation d'humilité, au désir d'une maîtresse de maison, désir qui, dès qu'il est exprimé, doit être un ordre pour vous. *Faire des façons,* ce serait lui dire indirectement que vous connaissez mieux qu'elle ce que les convenances ordonnent ou défendent.

Ainsi, de même qu'on ne se presse pas aux portes pour passer tous à la fois, de même on ne se dispute pas à qui ne passera pas. On cède le pas à la dignité, à l'âge et au sexe; avec ses égaux, on cherche à demeurer en arrière; mais s'ils font le même mouvement et que l'on se trouve le plus près de la porte, on s'exécute promptement et de bonne grâce à subir ce petit honneur.

Dans les visites de cérémonie, une femme ne quitte ni ses gants, ni son chapeau, ni son châle. Un homme ne dépose jamais son chapeau. Si une femme entre, tout le monde se lève; si c'est un homme, les hommes seuls se lèvent avec la maîtresse de la maison, qui reçoit les premiers saluts de l'étranger. Les autres dames se soulèvent à demi à mesure qu'il les salue. En se retirant, on salue en particulier la maîtresse de la maison et le reste de la société collectivement.

DES VISITES D'AMITIÉ.

Si pour les esprits sérieux et qui aiment le travail et la vie de famille, les visites de bienséance constituent parfois un devoir pénible et fatigant, les visites d'amitié, en revanche, sont une des plus douces jouissances de la vie; mais pour cela il faut être difficile sur ses liaisons intimes et ne pas profaner ce nom précieux d'ami, qui n'appartient qu'à un petit nombre d'êtres choisis et privilégiés, car rappelez-vous que si rien n'est plus commun que le nom, rien n'est plus rare que la chose.

Ayez donc peu d'amis; mais qu'ils soient sincères, dévoués, bons chrétiens surtout. Rendez-leur largement les sentiments qu'ils vous ont voués, n'exigez rien d'eux et traitez-les comme s'ils étaient exigeants et susceptibles. « L'amitié est un commerce, a dit un écrivain, dans lequel on doit tout donner et rien attendre ni demander. L'abnégation en fait le charme et en assure la durée. Oubliez-vous donc toujours pour vos amis; ne comptez pas avec eux, mais allez les voir aussi souvent que vos visites peuvent leur être agréables et que vos propres occupations vous le permettront. Allez-y familièrement, toujours proprement et convenablement mise, sans apprêt de toilette et avec une grande simplicité, si votre amie est moins riche que vous. Dans tous les cas, évitez les luttes d'amour-propre. Entre femmes surtout, c'est un genre de rivalité auquel ne résistent pas les amitiés les plus intimes. »

Les visites d'amitié se font à toute heure, mais ne doivent jamais être indiscrètes. Ainsi, se présenter chez une amie à l'heure où elle s'occupe de ses enfants, de son ménage, de ses devoirs de piété; au moment du repas, de la promenade, serait un manque de tact et de convenance.

Quelle que soit votre intimité, soyez toujours de la plus grande réserve chez des étrangers. Je connais des jeunes gens qui, chez un ami, ouvrent les armoires, voient dans les tiroirs, dans les buffets, furètent dans les livres, dans les papiers, donnent des ordres aux domestiques et autres libertés de ce genre. A ce compte, l'amitié, au lieu d'être un plaisir, un bonheur, deviendrait la plus fatigante des charges.

Ne faites pas de trop longues visites; le bon esprit consiste à saisir, pour vous retirer, le moment où votre présence va cesser d'être agréable. Si quelqu'un entre pendant votre visite, à moins que ce ne soit un ami commun, levez-vous et retirez-vous. Sous aucun rapport l'amitié n'est un brevet d'importunité.

DES VISITES DE CHARITÉ.

De toutes les visites, celles-ci sont, sans contredit, les plus précieuses, celles qui laissent après elles le plus de satisfaction et de joie; on peut dire qu'elles sont faites à Dieu lui-même.

Parmi les visites de charité, il en est de bien des sortes. Les unes, et ce sont les plus fréquentes, ont lieu dans de pauvres chaumières, dans de sombres mansardes; elles portent avec elles l'aumône qui fait vivre, les soins matériels qui guérissent les plaies du corps et ne s'occupent qu'indirectement et comme *par surcroît* des souffrances de l'âme.

D'autres, au contraire, franchissent le seuil de marbre des palais et vont porter la parole de vie là où respire l'abondance de tous les biens de la terre, mais où la douleur ou l'incrédulité ont néanmoins trouvé accès.

D'autres fois encore c'est près d'une amie, d'une égale, que vous guide la charité, qui se cache alors sous le voile d'une simple amitié; mais dans ce cas comme dans les autres, il ne faut pour bien faire des visites de charité, ni fortune, ni esprit, ni pouvoir : il ne faut que cette vertu par excellence du christianisme, *l'amour de Dieu et du prochain !*

J'ai connu de pauvres filles du peuple qui faisaient d'excellentes visites de charité, pendant que des personnes opulentes ne savaient que distribuer de l'argent et écraser la misère sous le poids de leur méprisante pitié.

Une jeune fille va voir la vieille nourrice de sa mère; elle s'assied près d'elle, lui lit quelques lignes de son *Imitation*, la console et la caresse, vante le bon ordre de sa chambre et se réjouit avec elle de la petite aisance qui console sa vieillesse : visite de charité !

Une amie est souffrante : on lui consacre une après-midi qu'on devait donner à une joyeuse réunion et on a grand soin surtout de ne pas lui laisser entrevoir qu'on pouvait employer plus gaiement son temps : visite de charité.

Une infirme est exigeante, impérieuse ; ses amis, ses parents, s'éloignent d'elle ; on fait taire sa susceptibilité, on s'installe le plus souvent possible près de son lit de douleur, et avec une prudente délicatesse, on lui parle de Dieu, du profit de la souffrance, de la consolation que donne la patience : encore visite de charité.

On sait s'ennuyer à propos pour se rendre agréable à une personne éloignée de la religion; on s'empare ainsi de son esprit, on étudie le chemin de son cœur; on renouvelle des entretiens en apparence désintéressés, mais dont le but réel est le rachat de son âme : visite de charité !

Ces quelques exemples suffisent pour vous faire comprendre ce que j'entends par visites de charité; je laisse donc à votre cœur le soin de développer ce beau et fertile sujet, et je n'ajoute que quelques réflexions sur la toilette dans les visites, que j'extrais de mes précédents conseils.

« La mise doit être en harmonie avec le motif et le but d'une visite. La toilette rentre dans le domaine absolu de la politesse du cœur lorsqu'il s'agit de la mettre en accord avec le but et le motif d'une visite. Ainsi je ne vous engagerai pas à visiter vos pauvres, comme le font cependant bien des femmes qui se croient réellement charitables, avec une toilette recherchée, des étoffes de couleur voyante, des bijoux, des dentelles. Ne craindriez-vous pas, en effet, que ce luxe détruisît une partie du bien que vous vous proposez? Ne pourrait-il pas faire naître un sentiment d'envie, ou paraître en opposition flagrante avec les paroles de charité et de consolation que vous allez prononcer.... Dans tous les casne formerait-il pas au milieu des livrées de la misère, un pénible et triste contraste qui parlerait trop éloquemment à la nature humaine courbée sous le poids du malheur et qui vous ferait souffrir vous-même ?

« ..... Allez-vous consoler une amie dans le deuil et la tristesse : que vos vêtements soient sombres et modestes, afin qu'ils ne donnent pas un démenti à vos protestations de sympathie, à vos assurances d'affection et de sincérité ; afin surtout qu'ils ne réveillent pas le douloureux souvenir du temps peu éloigné encore où elle-même était assez joyeuse pour prendre plaisir à se parer.

« Est-ce, au contraire, une amie malade qui vous appelle à son chevet, que vos vêtements n'affectent pas une apparence de deuil qui pourrait l'attrister ou l'inquiéter. Que tout votre extérieur soit gai et riant, et qu'elle ne trouve dans vos paroles qu'un intérêt bien tendre et bien affectueux mêlé à la tranquillité la plus complète sur son état. Écoutez sans l'interrompre le récit de ses souffrances, n'en détournez point la conversation, même dans la pensée de l'en distraire, car les malades prennent souvent cette attention pour une marque d'ennui qui les froisse et les blesse. Surtout gardez-vous de cette manie commune à tant de femmes, de savoir et d'indiquer des remèdes à tous les maux.

« ..... Les visites de mariage, de présentation, réclament du soin dans la parure et le déploiement de tout le luxe que vous aurez jugé à propos de vous permettre. Il serait peu convenable, en effet, pour les personnes auxquelles vous aurez fait de ces sortes de visites, de vous montrer plus parée dans des circonstances moins importantes.

« Évidemment si la politesse consiste à rendre à chacun ce qui lui est dû ; si elle est une manifestation des vertus chrétiennes, l'art de mettre sa toilette en harmonie avec sa position d'une part, et d'autre part avec la simplicité et le tact que demandent la religion, le bon sens et la charité, est une partie intéressante du sujet qui nous occupe, puisque le costume peut et doit être pour nous un moyen de manifester nos sentiments de convenance, d'économie, d'ordre et de modestie.

« Élevez surtout votre cœur et votre esprit au-dessus de cette petitesse qui porte tant de femmes à placer leur bonheur, et l'on pourrait presque ajouter leur honneur et leur gloire, dans le luxe de leur toilette. Que le soin de la vôtre soit un devoir, rarement un plaisir et jamais une occupation sérieuse. En outre qu'une telle futilité dans la pensée implique une femme frivole, légère et incapable par conséquent de comprendre et de remplir sérieusement ses devoirs de maîtresse de maison, elle entraîne entre autres fatales conséquences de dangereuses rivalités, des jalousies, de ces *haines intimes*, si je puis ainsi parler, qui altèrent les sentiments les plus naturels et mettent la discorde au sein des familles.

« Que de mésintelligences, de brouilles même entre parents dont on se demande le secret, et qui s'expliqueraient aisément si l'on pouvait pénétrer les mystères d'une vanité blessée ou d'un triomphe d'amour-propre.

Et, ce qui est heureusement non pas aussi fréquent, mais plus appréciable, que de ruines et de malheurs entraînés par le luxe des femmes et leur amour de la toilette ! »

III

DES RÉCEPTIONS.

DES DINERS.

Le jour même où vous recevez une invitation à dîner vous devez y répondre d'une manière bien précise; c'est-à-dire par un *oui* ou un *non* entouré de formules gracieuses et polies, mais sans aucune circonlocution qui puisse donner lieu à une équivoque.

Si par hasard il arrivait que, par suite de circonstances exceptionnelles, vous fussiez invitée dans une maison où vous n'auriez jamais fait de visites, rien ne saurait vous dispenser d'y en faire une *avant* le jour fixé pour le dîner. Cette visite doit être faite *en personne* et non pas en envoyant une carte.

Rien non plus ne peut vous dispenser de vous rendre à une invitation que vous avez acceptée, et votre premier, votre plus important devoir est de ne pas vous faire attendre, c'est-à-dire d'arriver à l'heure précise qui vous a été marquée ; plus tôt vous courriez risque d'être importune et feriez preuve d'un manque d'usage; plus tard, en outre de l'embarras que vous occasionneriez à vos hôtes, de l'ennui que vous donneriez aux conviés, et du tort réel que vous feriez au talent des cuisiniers, — vous le savez, un dîner réchauffé ne valut jamais rien, — vous vous exposeriez personnellement à une foule de dangers dont je vais vous donner un aperçu en vous redisant le charmant récit que nous a laissé à ce sujet madame Tarbé des Sablons. La faim est une mauvaise conseillère, et un estomac vide prédispose plus à la médisance et à la critique qu'on ne saurait le croire.

« Il était tard, tout le monde attendait le dîner avec impatience, mais madame de Fontenay n'arrivait pas. C'était une femme passant sa vie à faire des rêves et n'osant penser au temps qui lui paraissait immobile, car le désœuvrement faisait de son existence un cercle plein d'ennuis. Aussi ne savait-elle jamais l'heure et faisait-elle au hasard toutes ses actions. Ces actions faites toujours à contre-temps amenaient des scènes orageuses entre elle et son mari, et la brouillaient avec tout le monde. Comme on ne l'aimait pas, on s'emportait contre la fureur qu'elle avait de se faire attendre, et on parlait d'elle avec l'humeur que donnent l'impatience et la faim.

« — Elle est insupportable, disait l'un, et croit que cent mille livres de rente donnent le droit d'être impertinente. Partout elle se fait attendre.

« — Partout, c'est possible, reprenait aigrement M. de Saint-Elme ; mais *chez moi !*... c'est le prendre bien haut avec un homme dans ma position.

« — Mon Dieu ! disait une dame avec un air bénin,

notre petite amie n'a point l'intention de trancher de la grande dame, j'en suis sûre; mais elle commence toujours sa toilette au moment où il faudrait qu'elle fût faite, et cette toilette dure une heure les jours de négligé. Madame de Fontenay est si coquette !...

« — Ah ! pour cela, c'est vrai, reprenait un petit-maître, je la vis un jour s'oublier un quart d'heure devant une glace ; elle s'y regardait avec tant de complaisance, qu'elle oublia qu'elle avait trente témoins.

« — Si elle n'était que coquette, passe encore ; mais vous savez qu'elle bat sa femme de chambre quand un cheveu dépasse l'autre.

« — Joignez à cela, s'il vous plaît, Madame, qu'elle est dédaigneuse, caustique... Vous savez sûrement la scène qu'elle a faite... Chut ! la voilà avec quatre chevaux qui brûlent le pavé. Comment donc, mais cela vous efface, mon cher gouverneur. »

« On annonce madame de Fontenay ; M. de Saint-Elme vient à elle en lui disant : — Vous me voyez, Madame, dans la plus mortelle inquiétude, quel malheur vous est donc arrivé en route ?

« — Aucun.

« — Alors, ma chère, dit une dame d'une voix aigre, un de vos enfants s'est trouvé mal au moment où vous alliez partir.

« — Ah ! je devine, reprit une troisième personne, M. de Fontenay s'était servi de votre volante (voitures en usage aux colonies), et vous vous trouviez à pied.

« — Eh ! non, vous dis-je. Je n'ai eu ni malheur, ni contrariété.

« — Impossible.

« — Et pourquoi est-ce impossible ?

« — Parce que vous arrivez une heure trop tard.

« — Quelle heure est-il donc ?

« — Sept heures.

« — Bah ! vraiment ?

« — Oui, Madame, sept heures, dit M. de Saint-Elme d'un air très-solennel. Je n'ai jamais dîné si tard que lorsque les immenses travaux de ma place m'en faisaient un devoir. Jusqu'ici je n'avais pas eu *un seul* convive qui dépassât chez moi l'heure du dîner. Ces dames ont beaucoup souffert de ce retard.

« — Moi, je meurs de faim.

« — Moi je suis prête à me trouver mal.

« Les plaintes, les récriminations étaient si générales et portaient un tel caractère de mécontentement, que madame de Fontenay fut intimidée.

« Madame de Saint-Elme, toujours bonne et patiente, passe près de la nouvelle arrivée, et lui dit tout bas : — Le dîner va nous fermer la bouche, consolez-vous donc ; mais de grâce, soyez exacte désormais, si vous voulez éviter les réflexions malignes qu'un estomac affamé suggère toujours contre la personne qui le fait jeûner.

« Clotilde, témoin de cette scène, se dit à elle-même : « Ah ! que ma bonne maman avait raison lorsqu'elle exigeait de moi une exactitude scrupuleuse ! Elle me répétait en riant : *N'arrivons pas trop tard, cela donnerait le temps de mal parler de nous ;* n'arrivons pas trop tôt, car nous fatiguerions ; arrivons juste : c'est arriver bien! »

« Madame de Fontenay n'avait jamais reçu une leçon si sévère ; malgré sa légèreté ordinaire, sa brillante parure et sa voiture à quatre chevaux, elle fit une pauvre figure toute la soirée, et ne trouva de tous côtés que des physionomies hostiles et des reproches détournés, pleins de fiel, Que fût-elle devenue si elle eût pu deviner les méchancetés que son étourderie avait fait débiter sur son compte ? »

Arrivé dans le salon, il est poli de prendre part à la conversation qui doit faire patienter sur le retard que pourra subir le dîner, et surtout de paraître s'y intéresser.

Nous avons vu dans la première partie de ce chapitre à quel moment et comment on passe dans la salle à manger et on se place à table.

Vous ne pouvez, sans inconvenance, refuser aucun mets qui vous est offert directement par le maître ou la maîtresse de la maison ; vous devez accepter toujours, au risque de rendre votre assiette intacte au domestique chargé du service.

Autrefois le bon ton vous eût forcée à manger tout ce qui vous était servi ; aujourd'hui on a, grâce à Dieu, la liberté de consulter son estomac et de rendre son assiette pleine. Si l'on ne veut pas d'un mets, on peut refuser simplement et poliment le voisin obligeant qui vous en offre; mais si l'on doit en accepter, on le fait tout de suite et sans avoir recours à ces cérémonies de mauvais genre, qui ont pour résultat de disputer à qui ne prendra pas une assiette, dont le contenu se refroidit de telle sorte, que celui qui finit par être contraint de l'accepter, mange froid et mauvais le meilleur mets.

Votre titre de femme vous donne droit aux égards, aux prévenances de vos voisins, vous devez les accepter avec aisance et simplicité, et tout en gardant une modeste réserve, vous montrer reconnaissante et aimable. Causez peu, ne prenez jamais la direction de la conversation, mais répondez avec à propos et liberté d'esprit aux questions qui vous sont adressées. — Ne vous étonnez pas d'un compliment, c'est une monnaie courante dont il faut apprendre à se servir dans le monde, et qui ne doit pas intimider lorsqu'il se renferme dans les bornes des convenances; apprenez à y répondre sans embarras ou tout au moins à les accepter sans gaucherie et sans fausse modestie.

Si vous voulez obtenir d'une entrée éloignée, faites un signe au domestique et demandez-lui-en; ou plus simplement, priez votre voisin de vous en faire passer; buvez et mangez médiocrement, et ne laissez voir en rien ni gourmandise, ni recherche exagérée sur la qualité des mets. Faites surtout preuve de grande discrétion au sujet des mets rares, des primeurs, des sucreries et de toute autre chose qu'on aurait servie en petites quantités. Partout il est de bon ton et surtout de bonne morale de s'oublier soi-même en faveur d'autrui.

Dans quelques maisons on vous servira après le dessert, selon l'usage anglais, un bol d'eau fraîche au milieu duquel repose un godet plein d'eau tiède. — Cet ustensile est destiné à rincer la bouche et à laver le bout de ses doigts. — « C'est, dit *Brillat-Savarin*, une innovation également inutile, inconvenante et dégoûtante. » Quoi qu'il en soit de cette décision, je vous engage à vous abstenir d'une partie de cette ablution et vous borner à tremper légèrement le bout des doigts dans l'eau fraîche. Il est certain que ce gargarisme à table a quelque chose qui répugne; l'habitude seule pourrait nous familiariser avec ce singulier usage, qui, heureusement, est loin d'avoir généralement pris.

La maîtresse de la maison donne le signal de quitter la table en reculant son siége et en se levant. Chacun l'imite, après avoir posé sa serviette sur la table *sans la plier*. On accepte le bras de son voisin de table, et l'on regagne le salon pour y prendre le café et y passer aussi gaiement que possible la soirée.

Mais avant de quitter, nous aussi, la table, j'ai besoin que vous reveniez un peu en arrière avec moi, afin d'appuyer sur quelques questions de détail qui m'ont échappé.

Ainsi, vous rompez votre pain et vous ne le coupez pas. — Après avoir mangé de chaque plat, vous posez votre fourchette à côté de vous, de façon à ce que la pointe des ardillons touche seule la nappe sans la salir, et que le domestique puisse enlever l'assiette sans embarras; mais à la fin de chaque service, quand vous voyez qu'on change de couvert, vous avez, au contraire, soin de poser en travers de l'assiette le couteau et la fourchette.

Vous vous étudiez à manger avec la plus grande propreté, sans bruit, sans gloutonnerie; vous buvez peu à la fois, sans précipitation, et vous avez grand soin d'essuyer vos lèvres dès que vous avez reposé votre verre sur la table.

La serviette ne se déplie pas entièrement; on se borne à l'ouvrir et à la poser sur les genoux.

Le café et le thé se boivent par petites gorgées, à la tasse même, et ne se vident dans la soucoupe sous aucun prétexte..... Mais ce sont là, ce me semble, des conseils entièrement inutiles. Outre que les habitudes de votre famille vous ont familiarisée dès l'enfance avec toutes ces formalités de politesse et de bon ton, votre esprit d'observation vous suffirait pour vous mettre en un instant au courant de ce que vous ignoreriez. Ainsi, sert-on un mets qui vous est inconnu, attendez, pour y goûter, que l'on vous en ait donné l'exemple, et un seul coup d'œil vous dira si c'est la fourchette ou la cuiller dont vous devez vous servir. Grâce à cette précaution, vous ne vous trouverez pas exposée au même danger qu'un de mes vieux amis, qui, se trouvant pour la première fois, il y a une cinquantaine d'années, en présence d'une glace, et pressé de savoir si c'était vraiment, comme il l'avait ouï dire, un régal exquis, se hâte d'y plonger sa cuiller et d'en remplir sa bouche. Cette avidité lui causa une telle impression, qu'il lui sembla qu'il avalait non de la glace, mais du feu, et qu'il eut peine à maîtriser un cri de douleur. — « Parbleu, se dit-il, pour vanter chose pareille, il faut avoir le gosier pavé. » Et il allait se débarrasser du trompeur rafraîchissement, lorsqu'il lui vint à la pensée que peut-être il s'y était mal pris pour y goûter. Il observa alors, et, s'apercevant qu'on raclait doucement la liqueur glacée avec le bout d'un gâteau dentelé ou avec le tranchant d'une petite cuiller, il revint à la charge et changea complétement d'avis sur le mérite des glaces..... Il ne s'agit que de savoir s'y prendre pour apprécier chaque chose et savoir se faire apprécier soi-même.

Si les devoirs de l'amphitryon finissent avec la soirée qui suit le dîner, soirée à laquell doit assister, en grande partie du moins, l'invité, les devoirs de celui-ci s'étendent au delà. — Dans la huitaine, il doit une visite de remercîment, très-trivialement appelée *visite de digestion*. De plus, un dîner se rend, à moins cependant qu'on n'ait pas d'état de maison ou qu'on ait été invité chez des gens beaucoup plus haut placés que soi, auxquels cas on n'est tenu qu'à une visite et à de la reconnaissance.

La toilette pour un dîner tient le milieu entre une toilette de ville et une toilette de soirée. — On ne se met pas à table en chapeau, mais en cheveux, avec quelques nœuds de velours, ou en bonnet. — Dans le cas où une grande soirée devant suivre le dîner nécessiterait une toilette de bal, on la modifierait pour le dîner par une écharpe, un mantelet ou une pèlerine de fourrure, qu'on retirerait ensuite, car, sous aucun prétexte, une femme ne doit se mettre à table avec une robe basse.

DES SOIRÉES.

Sans approuver ni improuver ici la danse, je dois, ma chère enfant, supposer que vous irez au bal, et tout en désirant que vous en compreniez les dangers et que vous soyez assez prudente pour vous en abstenir, je dois, dis-je, supposer que vous irez, afin de vous mettre à même, si votre position vous y oblige, de savoir vous y présenter et vous y conduire. Mais, avant toutes choses, je vous dirai : La volonté de votre mari, vos devoirs d'état peut-être, vous entraîneront dans le monde ; c'est à vous seule et à un sage directeur d'apprécier ces motifs et de décider ce que vous devez faire à cet égard ; mais ce qui n'est au pouvoir de personne, c'est de vous engager à y paraître dans une mise peu convenable. La modestie est pour une femme un devoir impérieux, le premier des devoirs, et elle n'a pas d'excuse si elle le transgresse.

Ce n'est pas que je veuille dire que vous deviez vous présenter le soir, dans une réunion brillante, avec un costume aussi sévère que le jour chez vous ou dans la rue ; je sais que votre robe doit être moins montante, qu'une partie de votre bras doit dépasser les manches. Mais entre cet usage reçu, qui n'a rien de blessant quand il est restreint dans de justes limites, et qui peut parfaitement s'allier avec la modestie d'une femme honnête, et cette mise sans pudeur, ces robes qui découvrent la poitrine et les épaules sans qu'aucun voile les recouvre, il y a un abîme que vous ne franchirez pas, si vous êtes vraiment chrétienne. Vous vous efforcerez de ne point vous faire remarquer, même par excès du bien ; vous vous soumettrez aux exigences de la mode jusqu'à la limite où elle s'écarte de la décence, mais au delà vous serez inflexible. Le ridicule, croyez-moi, n'atteindra jamais la femme qui se respecte assez pour choisir sans hésiter entre sa conscience et l'impérieuse tyrannie de la mode. Celles qui n'ont pas le courage de l'imiter chercheront à la railler; mais l'estime générale l'entourera d'admiration et de respect. On lui saura gré de sa vertu ; on lui saura gré du courage qui lui a fait vaincre à la fois le respect humain et la coquetterie ; tous les fronts s'inclineront sur son passage; et elle, qui ne songeait qu'à plaire à Dieu et à sauvegarder sa modestie et son véritable honneur, recueillera par surcroît l'approbation non-seulement de toutes les âmes honnêtes, mais des cœurs même les plus blasés. Car une femme se trompe bien étrangement en croyant plaire par l'excentricité des toilettes. Elle attire d'abord les regards, mais elle éloigne bientôt la sympathie et le respect.

Quelques mères font une singulière erreur en s'imaginant que le meilleur moyen pour établir leurs filles consiste à les produire beaucoup dans le monde, à les façonner à une coquetterie permanente et à les surcharger de parures et d'ornements. Arrivent-elles ainsi plus sûrement à leur but, et outre la détestable frivolité qu'elles impriment au caractère de ces êtres si chers que Dieu leur a confiés pour qu'elles leur conservent la pureté et la simplicité de la colombe, réussissent-elles à leur procurer des mariages plus avantageux? Je n'oserais résoudre la question en termes aussi précis que le faisait naguère un de nos plus spirituels observateurs; je lui cède donc la plume, d'autant plus que mes lectrices m'accuseraient peut-être de partialité et de parti pris pour la simplicité quand même, si je tranchais moi-même la question.

« Je suis allé, dit-il, dans le monde l'hiver dernier, et j'ai remarqué dans les habitudes des jeunes filles des changements qui ne m'ont pas paru heureux, à beaucoup près. Autrefois, au bal, les jeunes filles étaient toutes vêtues d'étoffes blanches, fraîches, légères et flottantes, qui correspondaient merveilleusement aux idées d'innocence, de virginité et de chasteté; cela faisait penser à des anges enveloppés dans leurs ailes. Elles n'avaient point de fleurs dans les cheveux et point de bijoux. Aujourd'hui, elles portent des robes d'étoffes très-riches et très-chères dont je ne sais pas trop bien le nom. — Ces robes ne doivent pas paraître trop de fois dans un hiver. — On rehausse encore tant d'éclat par des pierreries et de gros bijoux. Ces robes blanches n'étaient variées que par des ceintures roses, blanches, bleues, lilas, etc. Tout le luxe de ces parures consistait en fraîcheur; une robe et des rubans ne devaient pas être plus froissés que ne le sont les ailes d'un papillon qui sort de sa chrysalide. — Cela ne disait pas qu'une jeune fille était riche, mais cela donnait à penser qu'elle était propre, soigneuse, jeune, pudique, innocente. — Mais, aujourd'hui, les toilettes magnifiques, variées, et pour ces deux raisons ruineuses, mêlent d'autres idées aux idées riantes et gracieuses qu'inspire la vue d'une jeune fille. On calcule involontairement le total des dépenses faites en robes pendant un hiver, et on se demande si on est assez riche pour épouser une fille dont la beauté est d'un si coûteux entretien. » Et les mères, étonnées, voient les années s'écouler et la jeunesse de leurs filles se flétrir sans qu'aucun parti se présente..... A qui la faute, si ce n'est à leur imprudente folie?

Ceci bien posé comme règle invariable, afin que je n'aie pas besoin d'y revenir, j'aborde les détails. On n'est pas tenu, pour une soirée, à arriver à heure fixe; mais un travers à éviter est celui de ces femmes qui attendent toujours très-tard, afin que tout le monde étant réuni, leur entrée fasse plus d'effet. — Le monde tient note de cet amour de briller, et ne leur épargne ni la raillerie, ni le ridicule. — Vous saluerez à l'entrée de chaque salon, et dans celui où se trouve la maîtresse de la maison, vous réitérerez votre révérence et vous approcherez d'elle pour la saluer, en balbutiant quelques-unes de ces phrases banales auxquelles on répond entre les dents et sans les écouter. — Les hommes ne s'asseoient guère dans une soirée, ils circulent dans les salons; cependant si, par hasard, ils avaient pris place sur un fauteuil ou une banquette, il serait pour eux d'un impérieux devoir de ne laisser aucune femme debout, mais de se lever à l'instant pour offrir leur place.

« Vous devez arriver dans un salon, dit madame la comtesse de Bradi, modestement et silencieusement, et tâcher de ne point attirer les regards ; que ce ne soit jamais, au moins, pardes éclats de voix, des mines ou rien de semblable, annonçant que vous avez désiré fixer l'attention.

« Si vous entrez dans un salon où tout le monde sache vivre, vous remarquerez que la dernière femme arrivée occupe le fauteuil placé près de la maîtresse de la maison, et qu'elle se lève toujours pour le céder à la femme qui arrive après elle, tâchant alors de se placer près de quelques autres femmes de sa connaissance. Si par hasard vous vous trouvez entourée de femmes inconnues, attendez qu'elles vous parlent, et répondez-leur simplement et d'un ton doux, indiquant que vous êtes reconnaissante de leur bienveillance ; si elles se taisent, imitez-les. Interdisez-vous toute espèce d'air dédaigneux et moqueur, et n'excitez pas la haine pour satisfaire le plaisir de rire d'un laid visage ou d'une parure ridicule. Si vous vous amusez, ne montrez qu'une joie modérée ; si vous vous ennuyez, usez de dissimulation, étouffez vos bâillements, et félicitez-vous de préférer l'étude et la vie de famille aux cercles bruyants.

« Si vous assistez à un concert, à une répétition de proverbes, applaudissez quand la maîtresse de la maison applaudit ; mais ne louez les talents que dans les femmes. Il est inconvenant de s'occuper des hommes. Si quelques-uns de ceux de la société vous adressent la parole, répondez de manière à ce que les femmes qui sont près de vous entendent votre réponse. Ne baissez pas les yeux, c'est une affectation; mais en parlant, ainsi qu'en dansant, regardez l'épaule de celui à qui vous parlez. — Consultez souvent des yeux votre mère ou la personne qui vous a accompagnée; elle doit avoir de l'expérience, et vous modèlerez votre maintien sur le sien. »

Votre danseur, en vous invitant, se gardera de vous demander de lui faire le *plaisir* de danser avec lui; mais il aura soin de vous prier de lui faire cet *honneur*. Vous répondrez par un geste accompagné d'un mot simple et gracieux si vous acceptez, en évitant, vous aussi, le mot *plaisir*, et par une expression de regret polie si vous êtes déjà invitée. — Si vous êtes invitée d'avance pour plusieurs contredanses, gardez-vous de faire des confusions, et si, par accident, il vous arrivait de promettre le même quadrille à deux danseurs, « n'hésitez pas à dire sur-le-champ que vous êtes trop lasse pour tenir aucun de vos engagements, et cessez de danser en conservant un air gai, » afin que nul ne puisse supposer que vous vous sentez de l'humeur. — Ne témoignez aucune préférence pour ceux qui vous invitent; c'est une politesse que l'on vous fait, et vous devez l'accepter avec reconnaissance et gracieuseté. Cependant, s'il arrivait que vous eussiez des motifs sérieux de ne pas danser avec une personne que le hasard aurait placée dans le même salon que vous, résignez-vous, comme tout à l'heure, à cesser de danser, prenant la fatigue pour excuse, et vous souvenant que vous vous interdisez ainsi la danse pour toute la soirée.

Après vous avoir conduite à votre place, votre danseur vous salue en vous disant : *J'ai l'honneur de vous remercier*, et vous demande quelquefois si vous ne désirez rien. Vous répondez au remerciment par une révérence, et vous tâchez de ne pas accepter ses offres de service, car moins vous occuperez les hommes de vous, plus favorablement vous vous ferez juger. « Évitez donc qu'il y ait rien de commun entre vous et votre danseur. Autrefois, il eût été inconvenant de causer avec lui, eût-il été de votre société, car on était obligé de regarder danser les autres quand on avait dansé soi-même ; et c'était certes plus poli et plus social que de ne leur donner aucune attention. Maintenant, un *cavalier* inconnu parle à sa danseuse ; il faut répondre, mon enfant, le plus brièvement possible, et ne jamais, par votre volonté, prolonger la conversation. Gardez-vous d'avoir l'air ennuyé ou embarrassé ; gardez-vous de répondre avec une teinte de brusquerie ; répondez d'un air doux et froid, et n'interrogez jamais, même pour savoir le nom d'une femme remarquable qui aurait excité votre curiosité..... Prenez l'habitude d'un maintien sévère et grave quand vous vous adressez aux hommes ou qu'ils s'adressent à vous..... Mais dédommagez-vous, avec les femmes et les jeunes personnes près desquelles vous serez placée, de la réserve et du silence que je vous impose avec les hommes. Soyez pour elles toujours prévenante, obligeante, gracieuse ; excitez-vous au désir de leur être agréable. Si elles se montrent peu sensibles à vos attentions, supprimez-les immédiatement ; si elles se ravisent et y répondent plus tard, soyez toujours prête à les accueillir. Causez le moins possible avec les moqueuses et les ricaneuses, même quand elles vous amuseraient : le plaisir qu'elles vous donnent aux dépens des autres, elles le prendront à vos dépens dès que vous ne pourrez plus les entendre. Tout simplement, au bal comme partout, distinguez le bien du mal, et méprisez la médisance et les médisantes, mais en dissimulant, sous des formes honnêtes et frivoles, ce que vous pensez.

« ..... Si l'on vous interroge sur les agréments de la fête à laquelle vous assistez, trouvez tout à votre goût, c'est bien le moins que l'on puisse faire pour des maîtres de maison qui se sont donné mille ennuis et qui ont fait de la dépense pour amuser leurs invités. Si l'on sert de l'orgeat, ne demandez pas de la limonade, et quand on passe des glaces à l'ananas, ne dites point que vous les préférez à la vanille. Toutes ces façons passent pour d'impertinentes bégueuleries. Recevez et mangez ce que l'on vous offre, et quand vous désirez autre chose, ne le dites point. — Si le bal vous a paru peu agréable, si vous avez été mécontente des gens ou des choses, après avoir eu la politesse de ne pas le manifester, demeurez en repos, ne parlez point en mal des gens qui vous ont reçue ; mais n'y retournez plus. »

On sort plus clandestinement encore d'une soirée que l'on n'y est entré ; on ne salue personne en partant, à moins que l'on ne connaisse les personnes dont on est entouré, auquel cas on leur dit adieu tout bas. Cependant si l'on peut faire en sorte de rencontrer sur son passage les maîtres de la maison, on les remercie du plaisir que l'on vient d'éprouver grâce à eux.

Si la réunion n'a pas la danse pour but unique et que l'on y fasse de la musique, vous ne devez pas vous faire prier pour passer au piano ; mais quelques instances qui vous soient faites par des personnes étrangères, vous ne devez point y céder si *quelqu'un de la maison* ne vous y convie.

Une jeune femme ne joue guère ; cependant il est utile qu'elle sache tenir les cartes dans les principaux jeux, afin de ne pas perdre l'occasion de se rendre utile et agréable à une maîtresse de maison qui a besoin d'un partenaire pour compléter une table. Laissez-moi insister sur la nécessité de modérer dans ce cas vos impressions et votre humeur de façon à être *bonne joueuse ;* vous devez suffisamment comprendre combien il est malséant à une femme de laisser lire dans ses gestes, dans son regard, dans le son de sa voix une passion qui indique l'avidité et le calcul.

Les jeux de salons, dits *petits jeux,* offrent souvent un danger de familiarité qui doit vous les faire éviter autant que possible. N'insistez donc jamais pour qu'ils soient admis dans les salons où vous vous trouvez, à moins que ce ne soit tout à fait en famille ; mais si quelqu'un les propose et que la maîtresse de la maison les accepte, prêtez-vous-y de bonne grâce et gaiement, mais ayez soin de conserver au milieu de cet entrain une prudente réserve et une sage modestie.

IV

VOYAGES.

VISITES A LA CAMPAGNE.

Dans ces sortes de visites vous suivrez les règles que je vous ai tracées pour les visites ordinaires, à cette différence près cependant que vous pourrez vous y permettre un peu plus de laisser-aller. — On n'accepte guère d'ailleurs d'invitation à la campagne que chez des personnes avec lesquelles on est lié, ce qui permet d'y mener presque la vie de famille et d'y jouir d'une certaine liberté.

Mais que cette liberté qu'on vous accorde ne vous semble pas un motif d'agir à votre guise et de contrevenir en quoi que ce soit à l'ordre établi dans la maison. — Vous devez être exacte à l'heure des repas, des réunions, ne manifester ni préférence ni répugnance pour aucune chose, être toujours disposée à faire tout ce que l'on propose, — ne pas fatiguer ceux qui vous entourent d'éternelles lamentations sur le froid et le chaud, la pluie et le soleil, mais trouver tout bon, tout bien, et faire preuve d'une humeur inaltérable.

Soyez habillée dès le matin, et ne vous laissez voir à

personne en négligé; — ne laissez pas votre chambre dans un désordre qui fatigue les domestiques; mais, au contraire, étudiez-vous à simplifier leur service autant que possible. — Sachez vous habiller sans aide, afin de ne pas déranger le service habituel des femmes de chambre de la maison. Soyez douce, polie, bienveillante avec les domestiques. — Abrégez votre séjour au moment précis où il pourrait devenir importun; faites en sorte, en un mot, que tout le monde, maîtres et gens, vous regrettent quand vous partez, et que nul n'ait la pensée de pousser un soupir d'allégement.

Respectez scrupuleusement les goûts, les manies même de vos hôtes, vantez leurs fruits, leurs animaux, ce qu'ils aiment enfin. Ce ne sera pas de la flatterie, ce sera un moyen de leur payer le tribut de reconnaissance que vous leur devez en une monnaie qui leur soit agréable. Soyez d'une délicatesse et d'une réserve extrêmes, et ne faites en rien la maîtresse, ouvrant les armoires, cueillant les fruits, donnant des ordres aux domestiques, etc..... Ce n'est pas cependant que vous ne puissiez, au besoin, *prier* un domestique de faire une chose, cueillir au jardin un fruit, si les maîtres de la maison ont insisté pour que vous agissiez comme chez vous; mais que ces libertés soient rares et marquées d'un cachet tout particulier de modération.

On tient ordinairement dans les salons, à la campagne, des jeux de dames, d'échecs, de dominos; vous pouvez vous en servir, mais en ayant soin de vous assurer qu'aucune pièce ne soit égarée avant de les remettre en place.

Chez les grands seigneurs, cependant, ce soin est inutile, des domestiques spéciaux étant chargés de ranger les appartements.

Prenez bien garde de rien salir, de rien briser; mais si un malheur de ce genre vous arrive, excusez-vous simplement, montrant un vif regret, mais sans néanmoins avoir l'air d'y attacher une importance que les maîtres de la maison ont la politesse de paraître n'y pas apporter eux-mêmes.

Comme l'oisiveté est partout une triste compagne et qu'elle rend une femme à charge à elle-même et aux autres, si vous voulez être aimable à la campagne et être sûre de ne point vous y ennuyer, vous vous munirez, avant le départ, d'une boîte à ouvrage abondamment garnie; cette boîte vous suivra partout, au salon, au jardin; vos doigts ne cesseront d'être occupés que lorsque la politesse l'exigera.

Sachez aussi vous rendre utile à la maîtresse de la maison; mais prenez garde d'imposer vos services. — Montrez votre empressement, votre bon cœur, et attendez discrètement ensuite qu'on vous mette à l'œuvre.

Ne manifestez pas ces craintes puériles d'un insecte, d'une goutte d'eau, d'un paisible animal, par lesquelles trop de femmes croient se rendre intéressantes. Agissez en tout simplement, sans vaine parade de courage, mais sans pusillanimité ridicule. Faut-il franchir un fossé, un ruisseau, prenez bravement votre parti et ne vous faites pas prier deux heures. — Si vous êtes timide à l'excès, eh bien! alors, ne vous donnez pas en spectacle, ne devenez pas pour une société une entrave, un ennui. — Sachez vous résoudre à rester chez vous.

Une jeune femme, et plus particulièrement une jeune fille, ne saurait, à la campagne, apporter trop de prudence à éviter de se rencontrer seule avec les hommes qui s'y trouvent en même temps qu'elle, chose très-facile si elle prend garde à ne point trop circuler dans les escaliers, dans les corridors, dans les salons au moment où la société n'y est point réunie. — Faites donc en sorte de prévoir, avant de quitter votre chambre, tous les besoins que vous pourrez avoir dans la journée, afin de n'être pas obligée d'y revenir. — Recherchez la compagnie des autres femmes, n'affectez pas de vous promener seule, ne sortez plus le soir quand tout le monde est rentré, et surtout évitez ces airs mystérieux, ces chuchotements à demi-voix que beaucoup de jeunes filles prennent pour des preuves d'esprit ou tout au moins pour un moyen d'attirer l'attention.

Cependant si, malgré vos précautions et votre désir, vous rencontrez quelques-uns des hommes de la maison, ne soyez nullement embarrassée ; saluez simplement, et passez comme une femme qui veut, qui sait se faire respecter et ne laisse paraître aucune alarme, parce qu'elle n'a réellement aucune crainte. Elle évite les occasions qui pourraient exposer sa réputation, elle sait qu'elle est sous la garde de Dieu, et cette pensée fait sa sécurité et sa force.

Non-seulement vous devez remercier les hôtes qui vous ont reçue, mais vous devez, autant que possible, leur laisser un souvenir de votre reconnaissance. Quelques dessins, quelques pièces de tapisserie et autres ouvrages de vos mains sont des présents très-convenables; à leur défaut, quelques livres, ou des jouets à leurs enfants, s'ils en ont.

Si vous ne pouvez être généreuse avec les domestiques qui vous servent, n'acceptez pas d'invitation. L'économie sied bien chez soi, et la pauvreté est honorable quand elle sait garder le logis; mais le goût des plaisirs, de quelque espèce qu'ils soient, ne peut s'allier à la dignité si on ne doit en jouir qu'aux frais des autres.

VOYAGE. — EAUX. — BAINS DE MER.

Si je n'avais craint que mon travail ne vous parût tout d'abord incomplet, je n'aurais pas abordé le sujet des voyages, que j'ai traité assez à fond, je crois, dans mes *Conseils,* pour n'avoir point à y revenir ici. — Je ne vous en parlerai donc que pour vous engager à vous reporter à ce que je vous ai précédemment dit à ce sujet, et vous recommander brièvement la plus grande circonspection avant de vous décider à quitter votre maison, et une réserve polie avec vos compagnons de voyage. L'intimité est prompte à s'établir entre gens qui voyagent ensemble; c'est à une femme bien élevée à savoir lui imposer les bornes qu'elle ne doit pas franchir tout en ne montrant ni sauvagerie, ni humeur triste et morose. — Ayez du laisser-aller et de l'entrain, mais sans départir de la dignité qui doit acompagner tous les actes de votre vie. Recevez avec bienveillance les prévenances dont vous serez l'objet, mais sans familiarité.

Les voyages aux eaux, aux bains de mer deviennent tous les jours de plus en plus à la mode : ce ne sont plus les exigences de la santé qui les nécessitent, ce sont les caprices de la vogue et du bon ton. — Ne sacrifiez pas trop à ce caprice ; abstenez-vous, autant que vous le pourrez, de ces déplacements inutiles, de ces joies bruyantes au milieu d'un monde avide de plaisirs, d'émotions, trop souvent de scandales, et où viennent se briser les réputations les mieux établies.

Pour ce qu'on appelle une femme élégante, une ville d'eau est en effet, le théâtre des plus grands dangers, des plus périlleuses luttes. C'est là surtout qu'on rivalise de luxe, de coquetterie, d'esprit acerbe et médisant ; là qu'on se fait des prôneurs dangereux, des ennemis irréconciliables ; là qu'on est en butte à la curiosité, à l'envie, à toutes ces passions que déchaîne et exalte l'orgueil ; là que l'intimité avec des gens qu'on n'avait jamais vus auparavant, qu'on ne reverra peut-être jamais après, rend faciles et irréparables les inconséquences et les étourderies. C'est une arène où les combattants se précipitent en foule, mais d'où il sort peu de triomphateurs. Malheur à la femme qui donne tête baissée dans le piége qui est tendu à sa frivolité, à son goût du plaisir ; elle n'en retire que lassitude, ennui et peut-être regrets et remords. Si donc, mon enfant, votre santé ou celle des êtres qui vous sont chers, nécessite les eaux, ne choisissez qu'à la dernière extrémité celles qui sont à la mode, et dans ce cas, n'hésitez pas à y vivre paisible au milieu du bruit, isolée au milieu de la foule. Soyez prudente, ne jouez pas avec le jeu; votre honneur, votre réputation est un dépôt précieux dont vous êtes responsable devant Dieu, devant votre famille: vous n'avez pas le droit de l'exposer. C'est une fleur délicate que ternit le moindre souffle; prenez garde que le prétexte de guérir les maux du corps ne devienne pour votre âme un motif de danger et de péril.

Pour éviter cet écueil et tous ceux que le monde sèmera sous vos pas jusqu'au dernier jour de votre vie, souvenez-vous, mon enfant, qu'il n'est qu'une seule voie, qu'un seul moyen : la piété ! Mais une piété droite, solide, éclairée, telle que la désirait madame de Maintenon, non-seulement à madame la duchesse de Bourgogne et aux femmes haut placées dans le monde, mais telle que, dans les lignes suivantes, elle savait l'approprier aux besoins et à la position plus modeste de ses filles chéries de Saint-Cyr.

V

DE LA VRAIE PIÉTÉ (1).

« Il faut, leur disait-elle, pour remplir les desseins du roi (2), que vous soyez bonnes chrétiennes et dociles; ces deux qualités renferment ce que vous devez désirer.

« Instruisez-vous donc sans relâche de notre religion, aimez le catéchisme qui contient tous les articles de foi, les mystères et ce que nous devons faire pour accomplir la loi de Dieu..... Aimez les prières communes qui ne sont communes que parce qu'elles sont les meilleures; aimez surtout le *Pater;* vous y trouverez tous vos besoins exprimés dans les sept demandes qui y sont renfermées. Peut-on chercher d'autres prières que celle que Notre-Seigneur lui-même nous a faites; ou tout

(1) Extrait des avis donnés par madame de Maintenon aux filles de Saint-Cyr.

(2) On sait que l'établissement de Saint-Cyr avait été fondé par Louis XIV, sous l'inspiration de madame de Maintenon, pour l'éducation de deux-cent cinquante filles de gentilshommes sans fortune. Les filles n'y étaient admises qu'après que leurs familles avaient fait preuve d'un certain nombre de degrés de noblesse, parfaitement établis. — Le livre manuscrit qui contenait ces preuves et qui était conservé dans les archives de la maison, était un des plus précieux et surtout des plus authentiques recueils nobiliaires qui aient été faits en France. Il est à regretter qu'on l'ait détruit lors de la révolution.

au moins ne doivent-elles pas l'emporter sur toutes les autres ?

« Vous ne pouvez mieux honorer la sainte Vierge que par la prière que l'Église nous donne et qu'elle fait réciter continuellement avec le *Pater* au commencement de tous les offices. Pouvez-vous faire de meilleurs actes de foi que ceux qui sont compris dans le *Credo ?* Pouvez-vous vous mettre dans des dispositions plus contrites que celles qui sont dans le *Confiteor ?*

« ..... Pratiquez ce que vous avez appris ; soyez pieuses, humbles, charitables, silencieuses, modestes ; le christianisme est la pratique de toutes les vertus, la piété est utile à tout ; une couronne sans piété ne ferait que vous précipiter plus sûrement dans l'enfer. Que serait l'infortune de votre état sans piété (1) ? Vous seriez plus malheureuses dans ce monde et misérables pour jamais dans l'autre.

« Faites donc, mes chères filles, une bonne provision de piété, qui vous soutienne contre les périls et les privations où vous serez peut-être exposées.

« Voilà le fondement de votre salut ; voilà ce que vous devez chercher aux dépens de tout, et quand vous l'aurez acquis, vous aurez assurément la docilité qui est la seconde qualité que je vous désire. Soumettez-vous de bon cœur aux règles de votre maison ; n'en méprisez aucune pratique ; accoutumez-vous de bonne heure à

(1) Comme nous l'avons dit dans la note précédente, les filles élevées à Saint-Cyr appartenaient à la noblesse pauvre de France.

l'assujettissement; ne soyez point dédaigneuses, mais bonnes, simples, aimant à plaire à vos maîtresses et à les soulager dans les peines que vous leur donnez; jugez de votre naturel par répugnances que vous trouvez en vous pour ce qu'on vous demande, par l'amitié que vous avez pour vos maîtresses, par le goût pour les bonnes choses, par l'amour pour la vérité, par la reconnaissance pour les instructions et les avertissements que l'on vous fait. Que les *bien nées* (1) se réjouissent et rendent grâces à Dieu; que les *mal nées* ne se découragent pas, car une grande récompense les attend si elles se font violence.

« Que votre caractère particulier soit encore la piété droite et l'attachement aux saines doctrines..... La piété droite est celle qui nous attache aux devoirs de notre état. Votre piété ne sera pas droite si, tant que vous resterez à Saint-Cyr, vous ne la faites consister à observer pour l'amour de Dieu les règles et les usages de la maison; vous prieriez depuis le matin jusqu'au soir inutilement, si vous ne priiez de la manière dont Dieu le veut et dans le temps qu'il veut.

Votre piété ne sera pas droite si, étant mariées, vous abandonnez votre mari. vos enfants et votre petit domestique pour aller dans les églises, dans les temps où vous n'êtes pas obligées d'y aller..... Une religion ainsi solide et pratique en vous faisant estimer des honnêtes

(1) Par *bien nées* ou *mal nées*, madame de Maintenon veut dire portées naturellement au bien et au mal, c'est-à-dire d'un bon ou d'un mauvais caractère.

gens vous mettra même à l'abri de la raillerie et du mépris. Si, en effet, en sortant d'ici, vous disiez que rien ne doit faire perdre vêpres, on se moquerait de vous ; mais si, mieux instruites, vous dites et vous pratiquez de perdre vêpres pour tenir compagnie à un mari malade, tout le monde vous approuvera. Si vous avez pour principe qu'il faut honorer ses père et mère, quelque mauvais qu'ils soient, on ne se moquera point ; quand une fille dira qu'une femme fait mieux de bien élever ses enfants et d'instruire ses domestiques que de passer la matinée à l'église, on s'accommodera très-bien de cette religion, elle la fera aimer et respecter. »

VI

CHAPITRE COMPLÉMENTAIRE.

Il est, dans la vie, des circonstances exceptionnelles et imprévues où l'on a surtout besoin de savoir ce que prescrit l'usage. A défaut de pouvoir classer ces événements dans les divisions que j'ai adoptées, j'ai cru devoir leur consacrer un chapitre spécial; les principales des ces circonstances sont les *mariages*, les *baptêmes*, les *enterrements* et le *deuil*.

MARIAGES

Chez tous les peuples, la cérémonie du mariage a toujours été le motif de réjouissances de famille et de formalités particulières et solennelles; et bien que dans la société chrétienne l'idée dominante soit l'idée religieuse, bien que le mariage, élevé par Notre-Seigneur au rang d'un sacrement, ait revêtu un caractère grave et sérieux qui parle au cœur de devoirs nouveaux, d'obligations sévères, néanmoins, les réjouissances n'en ont point été bannies et sont demeurées, dans toutes les classes de la société, l'occasion de réunions joyeuses. On comprend, au reste, cette solennité accordée à l'acte le plus important de la vie de l'homme : le choix d'une compagne, d'un autre lui-même, à qui il confie tout son bonheur, comme il devient responsable du sien.

Après les formalités préliminaires: demande en mariage, renseignements, explications de part et d'autre touchant la fortune, la position, etc., formalités dont nous n'avons point à nous occuper ici, arrive enfin le premier acte des cérémonies du mariage, la signature du contrat, importante affaire entre les parents au point de vue de l'intérêt, mais formalité toute simple d'ordinaire pour les fiancés, qui, se reposant sur leur famille du soin des affaires d'argent, donnent leur signature sans s'inquiéter beaucoup des articles, si péniblement débattus parfois, que consacre cette double signature. Les parents, les amis, signent après eux; enfin le notaire envoie le lendemain le contrat à signer aux personnages de distinction, qui, n'ayant pu assister à sa lecture, consentent cependant à faire cet honneur aux futurs.

C'est le jour même de la signature du contrat que la fiancée reçoit la corbeille de mariage, dont le contenu doit être en rapport avec la fortune et la position sociale des jeunes époux. Il faut savoir bien faire les choses, mais sans exagération, « se souvenant que c'est le point de départ d'une route dans laquelle on aura à marcher longtemps et trop souvent peut-être contre vents et marée. » Il est d'usage que la fiancée fasse à ses amies les honneurs de sa corbeille, c'est-à-dire qu'elle cède au naïf plaisir d'en étaler les objets, de les faire admirer et d'en être félicitée.

Les invitations pour un mariage doivent être envoyées quinze jours au moins à l'avance, afin de donner le temps aux invités de faire leurs préparatifs de toilette. En outre des lettres d'invitation imprimées, adressées aux personnes que l'on désire voir à la cérémonie, on adresse une lettre spéciale à celles que l'on veut inviter aux réunions, dîner ou soirées qui suivront la bénédiction nuptiale, et enfin de simples lettres de part sont distribuées *après* le mariage aux personnes étrangères à la ville.

« Arrive enfin le jour où l'on se rend à la mairie : les hommes sont en habit, les femmes ont une toilette simple, mais de bon goût ; puis, après que le mari a payé tous les frais d'actes et de contrat, on revient chez la mariée.

« Bien entendu que la mère et la fille ont la place d'honneur dans la voiture des époux.

« Mais souvent, et surtout à Paris, de la mairie l'on se rend à l'église ; alors la jeune fille est revêtue de sa blanche toilette, comme d'une châsse de dentelles et de fleurs.

« Le père conduit lui-même sa fille à l'autel ; si la jeune fille n'a pas de père, c'est son plus proche parent qui remplit cet office. »

Nous n'entrerons pas dans le détail de la cérémonie, la même partout en tant que solennité religieuse, mais dont quelques accessoires, tels que pièces de mariages, fonctions des garçons et des filles d'honneur, etc., varient selon les localités. Pour ces sortes de choses, le plus sage est de s'informer soigneusement des usages en vigueur et de s'y conformer strictement.

La cérémonie terminée, les nouveaux époux passent dans la sacristie, suivis de leur famille et de leurs amis, qui s'empressent de les féliciter. Cette fois ce n'est plus le père, c'est le mari lui-même, qui fier et heureux du droit de protection et de tendresse qu'il vient d'acquérir, conduit la jeune femme. — En quittant l'église, ils prennent place dans la même voiture.

Des invitations plus ou moins nombreuses réunissent le soir, à un dîner, les membres de la famille et quelques amis, auxquels viennent d'ordinaire se joindre pour la soirée la majeure partie des invités du matin. — La jeune femme laisse encore ce jour-là à sa mère le soin de faire les honneurs du salon. — Timide et recueillie, elle jouit sous ses blancs et frais atours, et pour la dernière fois, de son gracieux privilége de jeune fille ; et bien qu'elle soit la reine de la fête et l'objet de l'attention générale, elle conserve son rôle modeste et passif.

« Le lendemain, les jeunes époux reçoivent la visite des grands-parents et des amis intimes, » et on fait en famille un déjeuner plein de gaieté et d'entrain ; car personne n'a le droit, un jour de mariage, de se montrer préoccupé et sérieux.

Quelquefois, selon la mode anglaise, les époux en quittant l'église, montent en voiture pour aller faire un voyage. Cette méthode est favorable quelquefois à des besoins d'économie. Si on l'adopte, on rend au retour une visite obligatoire, en grande toilette et en grande cérémonie, à chacune des personnes que l'on a cru devoir inviter chez soi ; sinon ces visites doivent se faire dans les huit jours qui suivent la célébration du mariage.

BAPTÊMES.

Le baptême qui ouvre à un enfant la vie spirituelle, qui l'arrache au règne et à l'influence de l'esprit du mal, est, sans contredit, l'événement le plus important, le plus essentiel de la vie d'un chrétien. — On ne saurait donc trop, dans la famille, solenniser ce grand jour ; on ne saurait se réjouir avec plus de raison ; mais s'il est d'une haute gravité pour l'enfant de faire ainsi son entrée dans la société, si c'est un motif de réjouissance pour les parents de pouvoir se dire : Les cieux vont s'ouvrir devant un être si cher, il est d'autres personnes, plus sérieusement intéressées peut-être à cette grande action : je veux parler des parrains et marraines.

Certes, ma chère enfant, c'est une grande responsabilité que cette maternité spirituelle et morale qu'acceptent les répondants d'un enfant, au jour de son baptême ; et cependant que de gens qui se figurent accomplir simplement alors une formalité dont ils n'auront à déplorer que les charges matérielles ; et combien de parents ne se préoccupent que d'un seul point : assurer à leur enfant des protecteurs riches et puissants qui les combleront de cadeaux d'abord, et ensuite s'intéresseront à leur carrière, à leur avenir, comme si le but de l'Église était de sauvegarder les intérêts matériels et non ceux de l'âme.

De semblables préoccupations ne doivent pas guider de véritables chrétiens ; certainement, il est bien permis à un père, à une mère, prudents, de tenir compte des avantages pécuniaires que peut assurer à leur enfant le choix de tel ou tel parrain ; mais cette prudence doit être entièrement secondaire et subordonnée à des préoccupations plus hautes et plus saintes, la piété des parrains et des marraines, l'aide religieuse et morale que pourra trouver en eux le jeune chrétien. De même que le parrain et la marraine doivent avant tout surveiller, diriger vers le bien l'éducation morale de leur filleul, s'assurer en un mot, que selon qu'ils en ont pris l'engagement pour lui, il est instruit de sa religion et apprend à la vénérer et à la pratiquer ; ce devoir, cette surveillance ont à s'exercer en proportion des besoins de l'enfant et des tendances de la famille. C'est quelquefois une tâche facile, d'autres fois une mission délicate ; et dans l'un comme dans l'autre cas, on ne saurait tracer de règles à une obligation dont la conscience seule peut révéler les limites. Ce n'est donc pas là, ma chère enfant, ce qui nous occupera dans ce paragraphe qui n'aura tout simplement à traiter que du cérémonial d'un baptême et des obligations du parrain et de la marraine le jour de la cérémonie.

Dans les grandes villes, la naissance d'un enfant, qui dans les petites localités s'annonce par l'intermédiaire d'un domestique, devient l'objet d'une lettre de part, absolument comme un mariage et un enterrement, et les parents et les intimes sont conviés au baptême par une lettre d'invitation. Le parrain et la marraine ont été choisis d'avance ; il est d'usage que les grands-parents soient parrains des premiers enfants ; et si quelque motif grave, comme celui d'assurer une protection puissante à l'enfant, porte à déroger à cette habitude, il est de toute convenance que cette infraction aux usages de la famille n'ait lieu qu'avec l'assentiment exprès de ceux dont on usurpe ainsi, en quelque sorte, le privilége.

La proposition d'être parrain et marraine est un honneur que l'on peut décliner sans s'exposer à blesser les parents. Il y a pour cela une foule d'excuses qui ne sont autres que des formules banales, mais qui passent dans le monde pour de la monnaie de bon aloi et qu'avec un peu de tact il est facile de trouver et impossible de récuser. Si donc vous ne vous sentiez pas la ferme volonté et surtout le pouvoir de remplir, dès à présent et plus tard, toutes les obligations qu'impose ce titre, votre devoir serait de ne point l'accepter. Mais si volontairement ou non vous devenez marraine, alors n'hésitez pas à faire convenablement lès choses.

Votre tâche, d'ailleurs, pécuniairement parlant, est bien autrement légère que celle du parrain, puisqu'il vous suffira d'offrir au petit baby le bonnet et la robe de baptême. Quant au parrain, c'est autre chose : il doit à la jeune mère un souvenir élégant et de bon goût accompagné de plusieurs boîtes de dragées ; il doit à la marraine une boîte de gants et un bouquet auxquels il peut joindre un objet de fantaisie d'une mince valeur intrinsèque, mais d'une aussi grande valeur artistique ou de goût que bon lui semblera ; à cela, il faut ajouter une avalanche de bonbons pour les amis, la garde, la nourrice, les domestiques, etc., etc., un présent pour l'ecclésiastique qui administre le baptême. Selon les pays, ce présent se compose de pièces d'or ou d'argent que l'on place dans une boîte de bonbons, ou d'un objet utile; de l'argent au suisse, au bedeau, aux enfants de chœur; des aumônes aux pauvres qui se pressent autour du cortége ; de l'argent à la garde, à la nourrice, de l'argent pour les voitures : en un mot, tout est à sa charge.

La marche se règle ainsi : le parrain et la marraine précèdent l'enfant qui les suit immédiatement, porté par la nourrice ; puis enfin le père et les personnes invitées à la cérémonie. Quant à la cérémonie elle-même, il est inutile de nous en occuper : c'est aux officiers de l'église à la diriger.

Le parrain et la marraine doivent reconduire eux-mêmes à la jeune mère son enfant régénéré et échanger leurs félicitations contre ses remercîments. Autrefois le jour d'un baptême était toujours célébré par une joyeuse fête de famille ; aujourd'hui, il arrive souvent que le déjeuner ou le dîner traditionnel est remis jusqu'après le rétablissement de la mère, pour qu'elle puisse y participer et en faire les honneurs.

La toilette d'une marraine doit être élégante et simple ; le parrain est en habit et en gants blancs.

ENTERREMENTS. DEUIL.

Lorsqu'on perd un membre de sa famille, on doit envoyer une lettre de part lithographiée aux amis et connaissances de celui que l'on pleure; cette lettre de part contient pour les personnes à proximité une formule d'invitation à la douloureuse cérémonie de l'enterrement; on supprime cette formule pour les lettres qui doivent être envoyées au loin.

DE L'ENTERREMENT.

A moins d'empêchement absolu, on ne peut se dispenser d'assister à un enterrement auquel on est invité. C'est un devoir de bonne compagnie et de charité chrétienne ; c'est plus qu'un hommage rendu à la mémoire d'un homme, c'est un tribut payé à la dignité d'une âme immortelle qui survit à son enveloppe terrestre et qui a droit à notre respect et à nos prières. Il n'est pas besoin de dire que tout ressentiment doit s'effacer devant la mort et quelques griefs que l'on ait eus que contre la personne qui vient de mourir, on n'est pas dispensé par des relations peu amicales d'assister à son convoi, si les parents nous en prient.

Dans certains pays, les hommes seuls suivent les convois ; dans ce cas, ma chère enfant, vous ne vous croiriez pas dispensée de rendre un dernier devoir à un parent, à un ami, mais vous iriez directement à l'église et en reviendriez de même.

Les hommes qui suivent un convoi doivent marcher tête nue, l'air grave et sérieux, évitant non-seulement des sourires et des conversations animées, qui seraient souverainement déplacées, mais même un entretien suivi, quoique à voix très-basse, ou un air distrait et souriant. Le silence et la méditation, voilà ce qui doit toujours accompagner le respect dû à la mort. Les femmes qui assistent à un enterrement doivent être vêtues de deuil, ou tout au moins de couleurs sombres.

Un mari, une femme, un père, une mère, n'assistent pas à l'enterrement de celui qu'ils ont perdu.

Le cérémonial de l'enterrement varie selon les lieux; on doit se conformer aux habitudes du pays que l'on habite.

Les plus proches parents tiennent les cordons du corbillard; pour l'enterrement d'une jeune fille, on pose une couronne blanche sur le cercueil, et quatre de ses compagnes les plus aimées portent le cordon, vêtues de blanc et voilées. — Les autres amies suivent dans le même costume.

Les parents, les amis font, les jours suivants, une visite de condoléance dans la maison mortuaire; visite qui ne sera rendue qu'après l'expiration du grand deuil.

DU DEUIL.

Les deuils se divisent en trois classes; le grand deuil, le deuil ordinaire et le demi-deuil.

Le grand deuil n'admet que de la laine; le deuil ordinaire se porte en soie, sauf cependant le velours et le satin; enfin le demi-deuil admet un mélange de blanc, de gris et de violet avec le noir.

Ici encore les usages de chaque pays varient touchant la durée du deuil, et peu de personnes se contentent du temps fixé par l'étiquette. Je ne puis cependant indiquer que ce dernier, lui seul étant régulièrement déterminé; mais tout en vous le faisant connaître, ma chère enfant, je ne vous engagerai pas à vous y borner, si jamais votre cœur a à souffrir d'une cruelle séparation. — D'après l'étiquette de la cour et du grand monde, la durée du deuil est donc ainsi fixée :

Pour un mari, un an et six semaines, dont six mois de grand deuil; six mois de deuil ordinaire, et six semaines de demi-deuil.

Pour une femme, un père et une mère, six mois, dont trois mois de grand deuil; trois mois de petit deuil.

Pour un aïeul, quatre mois et demi, dont deux mois de grand deuil; deux mois et demi de petit deuil.

Pour un frère ou une sœur, deux mois, dont un de grand deuil.

Pour un oncle et une tante, trois semaines, deuil ordinaire.

Pour un cousin, quinze jours, deuil ordinaire.

L'usage ne permet point d'aller dans le monde, ni de recevoir chez soi pendant le grand deuil; on commence à faire des visites quand on prend le deuil ordinaire et peu à peu, dès lors, on rentre dans ses habitudes.

En cas d'absence, on témoigne le regret que l'on éprouve de ne pouvoir exprimer soi-même la part que l'on prend à la perte qui est annoncée, suppléant ainsi par une lettre de condoléance à la visite que l'on ne peut pas faire.

TROISIÈME PARTIE

LA FEMME INSTITUTRICE-NÉE DE LA FAMILLE.

Après avoir été fille modeste, aimante et dévouée, vous êtes devenue ou vous deviendrez, mon enfant, épouse et mère, et ces titres nouveaux et sacrés vous imposeront de grands, de saints devoirs. Déjà dans le cours de cet ouvrage, je vous ai montré vos devoirs comme jeune femme agissant chez elle et dans le monde ; déjà la lettre de madame de Maintenon à madame la duchesse de Bourgogne, a placé sous vos yeux, esquissés à grands traits, les principaux devoirs d'une épouse chrétienne ; il me reste à vous entretenir du soin que vous devez donner à la première éducation de vos enfants et de l'importance de cette éducation. — Ce sera donc là le sujet de cette troisième partie à laquelle je veux donner comme épigraphe ce mot si profond dans sa simplicité, de l'illustre fondatrice de Saint-Cyr : — *Aimez vos enfants, — voyez-les souvent : c'est l'occupation laplus honnête qu'une princesse et une paysanne puissent avoir.*

Ce n'est passeulement à vous que j'adresse ces lignes;

je les destine à toutes les jeunes filles qu'une sage éducation prépare par avance à toutes les éventualités de la vie, à tous les devoirs de la famille. — L'éducation des enfants, la conduite du foyer domestique, telle est la grande tâche que Dieu a destinée à la femme, et ce n'est pas trop de la jeunesse tout entière pour s'y préparer. De si grands intérêts ne doivent pas être laissés au hasard et aux impressions du moment ; l'éducation des filles ne doit pas avoir d'autre but.

I

ÉDUCATION ET SAVOIR-VIVRE.

On confond aisément dans certaines classes de la société l'instruction et l'éducation, et il n'est pas rare d'entendre des hommes comprenant cependant et parlant fort bien le français, faire une étrange confusion de ces deux expressions, et prétendre que telle ou telle personne a reçu une *fort belle éducation*, tout simplement parce que les maîtres de grec, de latin et de science ne lui ont pas manqué.

Vous serez, ma chère enfant, plus sévère sur l'emploi de ces mots, et en parlant d'un homme ou d'une femme qui ont fait de bonnes études, vous vous bornerez à dire qu'ils ont *de l'instruction*. Quant à l'éducation, vous attendrez pour former votre jugement, que vous ayez pu voir quelle est leur manière d'être, bien convaincue que si une personne parfaitement ignorante peut être *très-bien élevée*, en revanche, l'homme le plus instruit manque parfois de tact et de *savoir-vivre*, ce qui a fait penser, avec *quelque apparence de vérité*, que la distinction de formes et de manières était le partage exclusif des hautes classes de la société qui en possèdent le secret au nombre de leurs priviléges héréditaires (1).

J'ai dit *avec quelque apparence de vérité*, et cette restriction me semble mériter un développement particulier. Je suis loin de penser en effet que cette distinction

(1) Nous croyons devoir développer notre pensée à ce sujet, par les lignes suivantes, empruntées à l'éloquent ouvrage de monseigneur Dupanloup, sur l'éducation :

« Chose étrange, dit l'illustre écrivain, *c'est l'instruction seule*, qui a pris, depuis un demi-siècle chez un grand peuple, le nom et la place de l'*éducation*.

« Il importe donc de bien s'expliquer, de bien s'entendre et de tout dire. La matière est délicate, je le sais : aussi je remonterai aux vrais principes et ne dirai rien que d'incontestable.

« L'*éducation* et l'*instruction* sont deux choses profondément distinctes.

« L'*éducation* développe les facultés.

« L'*instruction* donne des connaissances.

« L'*éducation* élève l'âme, l'*instruction* pourvoit l'esprit.

« L'*éducation* fait les hommes, l'*instruction* fait les savants.

« L'*éducation* est le but, l'*instruction* n'est qu'un des moyens.

« L'*éducation* est donc singulièrement plus haute, plus profonde, plus étendue que l'*instruction*.

« L'*éducation* embrasse l'homme tout entier; l'*instruction* non.

« Et cependant parmi nous, depuis cinquante ans, l'*instruction* est tout, l'éducation n'est rien !

« Pour l'instruction, premièrement, l'éducation morale et religieuse est complétement négligée !

« Secondement : bien plus, l'éducation intellectuelle elle-même est le plus souvent manquée. — Ce que j'avance ici étonnera peut-être. La démonstration toutefois en est facile à faire, et je commence par là.

« Dans l'instruction même, qu'on le remarque bien, il y a deux choses très-distinctes :

« Les *connaissances;*

« Et le *développement d'esprit*, qui peut et doit s'acquérir par l'étude, par l'exercice des facultés intellectuelles, par les connaissances elles-mêmes.

de manières, cette urbanité, cette politesse de formes, qui constituent ce que l'on appelle un *homme comme il faut*, se transmettent avec le sang; mais il est évident qu'elles tiennent essentiellement à la première éducation, et qu'à cet égard surtout les premières impressions qui

« *L'instruction*, si elle est mal donnée, mal reçue, peut souvent ne transmettre que les connaissances sans développer l'esprit, sans élever, sans fortifier les facultés à cette occasion.

« *L'instruction* peut placer, déposer, entasser les connaissances dans l'entendement comme dans un magasin, en garnir la mémoire comme de provisions. Sans doute, avec un certain développement passif que ces connaissances entraînent avec elles; mais aussi sans donner à l'esprit la vigueur, l'action, la vivacité dont il a besoin; en un mot, les connaissances ne constituent pas toujours le développement général, les forces actives, la souplesse énergique des facultés intellectuelles.

« Sans doute, c'est par le moyen des connaissances littéraires et scientifiques que les facultés intellectuelles se développent, c'est-à-dire à l'aide de l'instruction que se fait l'éducation de l'intelligence; mais l'*instruction littéraire et scientifique* réduite à elle-même pourrait se borner à instruire l'esprit sans l'élever, à le charger de connaissances sans le rendre fort.

» C'est l'*éducation* intellectuelle qui lui fait recevoir et digérer les connaissances de manière à ce qu'elles le nourrissent, l'élèvent, le fortifient.

« C'est l'*éducation intellectuelle* seule qui le cultive avec soin, l'exerce avec sagesse, le développe, le forme et l'élève encore plus qu'elle ne le remplit.

« C'est l'*éducation intellectuelle* qui fait pour lui de l'instruction comme un aliment substantiel, dont il tire et recueille les sucs qui, se transformant en lui, le font croître et grandir, deviennent sa nourriture et son sang.

« C'est alors que l'*instruction* est véritablement l'*éducation intellectuelle;* c'est alors qu'elle élève, ÉDUCAT; c'est alors qu'elle devient *esprit* et *vie*.

« Jusque-là elle n'est que l'instruction proprement dite, elle munit, elle pourvoit, elle instruit, INSTRUIT, rien de plus.

frappent l'intelligence naissante d'un enfant ne s'effacent jamais, à ce point que l'on peut, à un très-petit nombre près d'exceptions, juger de la distinction et des habitudes d'une famille en examinant la manière d'être d'un de ses membres.

« Quoique ce soit principalement à l'aide de l'*instruction proprement dite* que se fait l'*éducation* de l'esprit, le langage cependant, qu'on veuille bien de nouveau le remarquer, ne confond pas ces deux choses, et qui dit *instruire* ne dit pas *élever*.

« Il y a des gens *très-instruits*, et qu'on trouve avec raison *fort mal élevés*, à ne parler même que de l'éducation de l'esprit.

« Un savant, par exemple, qui sait une multitude de choses, mais qui est d'ailleurs sans jugement, sans goût, sans aisance pour s'exprimer, sans facilité pour se faire comprendre aux autres et quelquefois pour se bien comprendre lui-même, sans tact pour se conduire, est un homme *très-instruit*, et *fort mal élevé*, mais intellectuellement parlant.

« C'est ce qui faisait dire à Platon : « L'ignorance absolue n'est « pas le plus grand des maux, ni le plus à redouter; beaucoup de « connaissances mal digérées sont quelque chose de bien pis. »

« Bossuet disait dans la même pensée : « Notre soin principal a « été qu'on lui donnât à peu près de chaque chose en son temps, « afin qu'il digérât plus aisément et qu'elles se tournassent en « nourriture. »

« En un mot, on est *instruit* quand on sait beaucoup, quand on possède des connaissances; on n'est *élevé*, s'il est question de l'*éducation intellectuelle*, que quand on a la raison, le goût, l'imagination, le jugement, la pensée et la parole, et s'il s'agit de l'*éducation complète*, le caractère, la conscience, la sensibilité, le cœur formés.

« Tant il est certain que l'*instruction* n'est pas l'*éducation* et que si l'*éducation* est le *but*, l'*instruction* n'est que le *moyen!* C'est ce que tous, même ceux qui agissent en sens inverse, sentent et reconnaissent au moins instinctivement, quand, malgré l'érudition et la science, ils disent : C'est un homme mal élevé, avec tout son savoir il ne sait pas vivre; ou bien encore, dans un langage un peu rude : il a beau être un savant, au fond c'est un imbécile et un pauvre homme.

« Voilà la vérité. »

Le bon ton appris après coup a toujours quelque chose de guindé qui indique un effort constant à paraître ce qu'on n'est pas, tandis que l'*homme du monde*, au contraire, peut en s'abandonnant à son caractère, devenir misanthrope, sauvage, bourru même; mais à un moment donné, un mot, un geste révèlent en lui l'homme de bonne compagnie.

L'anecdote suivante vous fera comprendre toute ma pensée. « Un homme doué d'une âme noble et généreuse, mais de naissance et d'éducation vulgaires, avait rendu d'éminents services au roi d'Angleterre, Jacques II. Pressé par le monarque reconnaissant de lui demander telle faveur qu'il désirerait : « Sire, lui dit-il, faites de moi, je vous en conjure, un homme comme il faut.

« — Je peux faire de vous l'homme le plus riche de mon royaume, lui répondit le roi, je puis vous donner des lettres de noblesse, et, si vous le voulez, vous serez sur-le-champ baron, chevalier ou vicomte; mais il ne dépend ni de moi, ni d'aucun monarque de faire un homme comme il faut. »

« Cette réponse du roi Jacques, continue l'écrivain auquel nous empruntons ce trait, est d'un grand sens.

« L'enseignement qu'elle porte, le voici : N'est pas homme comme il faut qui veut.

« On peut être homme de fortune, homme de talent, et n'être pas homme de bonne compagnie.

« La fortune, dans beaucoup de cas, n'est qu'un accident; la capacité, qu'une puissance abstraite de combiner les idées ; ni l'une ni l'autre n'impliquent le savoir-vivre.

« Le savoir-vivre ne s'étudie pas dans les livres du pensionnat, il ne s'apprend pas obligatoirement dans la pratique des diverses professions qui mènent soit à la richesse, soit à l'illustration, par la science ou le courage ; mais il est le privilége de ceux dont *l'éducation* a été surveillée, suivie, contrôlée et faite par l'exemple.

« Connaître le ton et les formes qu'il convient d'adopter dans nos rapports avec les autres, savoir se présenter, parler et se taire à propos ; posséder les règles, les coutumes et les *traditions* sur lesquelles se fondent les traditions de la bonne compagnie, voilà le *savoir-vivre.* »

Ce sont, ma chère enfant, ces règles, ces coutumes, ces *traditions* surtout que je vais m'attacher de rappeler à votre souvenir, en vous recommandant bien de me prêter toute votre attention et surtout de vous efforcer de les mettre soigneusement en pratique, afin que votre vie devienne une école véritable, où tous ceux qui vivront près de vous puissent recueillir d'utiles et précieux enseignements.

Les hommes font les lois, les femmes font les mœurs, a dit un poëte. Si le mot est vrai, comme nous croyons pouvoir l'affirmer, quelle responsabilité pour nous, et quelle étude ne devons-nous pas faire pour nous élever à la hauteur de notre mission et nous efforcer de ne donner à tout ce qui nous approche qu'une impulsion noble et irréprochable ! — Or, on a dit aussi et avec non moins de raison peut-être : *La vieille urbanité française dégénère chaque jour ; la politesse s'en va...* Le danger ainsi indiqué, le mal signalé, qui y portera remède, qui rendra à notre belle patrie la prééminence qu'elle a si longtemps exercée sur tout le monde civilisé, en ce qui touche les bonnes manières et l'exquise politesse ? Qui, si ce ne sont les femmes de la jeune génération à laquelle je m'adresse, en vous parlant à vous, ma chère enfant, qui la représentez et la personnifiez à mes yeux ?

II

L'ÉDUCATION COMMENCE AVEC LA VIE ELLE-MÊME.

Bien des livres ont été faits déjà pour prouver la vérité du titre de ce paragraphe ; mais comme je pense que vous ne les avez pas lus et que pour la plupart même je ne voudrais pas vous en voir entreprendre la lecture, attendu qu'à côté de quelques bonnes idées vous y trouveriez une foule d'utopies plus ou moins dangereuses ; je ne crains donc pas de faire une redite en analysant ici ce qu'ils peuvent avoir de bon, d'utile ou d'intéressant pour vous.

Mais avant de puiser pour vous à ces sources parfois dangereuses, laissez-moi ouvrir un des meilleurs ouvrages qui aient été écrits sur ce sujet, un de ces livres où un cœur maternel cherche et trouve avec tant de reconnaissance et d'amour l'effusion d'une âme toute dévouée à la jeunesse, en même temps que les trésors les plus précieux de l'expérience et des talents et lui faire un nouvel emprunt pour vous en citer quelques lignes :

« C'est à la mère, dit monseigneur Dupanloup, à couler dans son enfant les premières lueurs de l'intelligence et le premier amour du bien ; à mettre sur ses lèvres les premières paroles de la foi et de la vertu; à tourner ses premiers regards vers le ciel. C'est à sa mère, en un mot, à le doter d'une âme chrétienne, comme elle lui a donné un corps humain; et si rien n'est hideux comme l'exemple, heureusement bien rare d'une mère soufflant l'irréligion au cœur de son fils, rien aussi n'est attendrissant et beau à voir comme le spectacle d'une mère chrétienne, donnant à son enfant, béni de Dieu, les premiers enseignements de la foi, lui racontant les touchantes histoires de la religion, lui apprenant à joindre ses petites mains pour la prière et faisant bégayer à sa bouche enfantine les noms les plus sacrés.

« Telle doit être la *première éducation ;* je l'appellerais plus volontiers l'*éducation maternelle.* Elle doit se passer au foyer domestique : seulement, que la maison paternelle soit toujours, pour cet enfant qui commence à apprendre à vivre, une école de pureté, de justice, de bonté, de vertu, de sagesse, de douceur ! Que rien n'y vienne gâter son cœur et son intelligence, pendant ces jours heureux où se forment primitivement en lui la pensée, la raison, la parole, la conscience ; où se préparent les premiers éléments de toute sa vie intellectuelle et morale ! »

Et dans une autre partie de son ouvrage :

« L'éducation, ajoute-t-il, suit la nature pas à pas ; et, comme elle, fait passer l'homme par des degrés divers où elle accommode ses enseignements et ses leçons, ses cultures et ses exercices aux progrès du temps, aux forces de l'enfant et son à développement naturel.

« Elle débute dans sa naissance. L'apaisement de ses premiers cris, une patiente résistance à ses premiers caprices: voilà les commencements de son éducation. Depuis les premières caresses données à cet enfant par sa mère, depuis la première parole qu'elle dépose avec un baiser sur ses lèvres, depuis la première pensée que le son de sa voix, la tendresse et la lumière de son regard, l'inspiration et le souffle de son âme vont éveiller au fond de cette jeune intelligence, jusqu'à la dernière leçon donnée par un père ou un instituteur digne de ce nom à ce jeune homme, au moment de son entrée dans le monde : tout ce qui se dit, tout ce qui se fait, tout ce qui se commande, tout ce qui se défend sous le toit paternel comme au collége, doit se dire et se faire, se commander et se défendre dans le but de *cultiver*, d'*exercer*, de *développer* en lui les dons de la nature; dans l'espérance d'élever ses facultés à la force de leur intégrité naturelle, et de les établir dans la plénitude de leur puissance et de leur action. »

Il est évident que le sentiment du juste et de l'injuste se développe chez un enfant bien avant que ses impressions puissent se traduire par la parole, et qu'à mesure que son petit être matériel se forme et grandit, le même travail d'extension s'opère dans son intelligence et dans son cœur. Ce double travail s'annonce par l'esprit d'imitation qui se manifeste constamment en lui. — C'est pour imiter tout ce qui l'entoure qu'il s'efforce de se tenir debout et de marcher. — C'est par imitation qu'il essaye de former des sons et qu'il parvient à parler. —

Plus tard il pourra penser, agir par lui-même; maintenant tout lui vient par les impressions extérieures. — Il observe, il étudie, et il s'empresse de reproduire dans sa propre petite personne ce qui le frappe dans autrui. Sa pensée, comme son corps lui-même, est une cire molle que vous modelez à votre gré, et de même que vous lui apprenez à se tenir droit, à manger de telle ou telle façon, à placer ses bras et ses pieds de telle ou telle autre, vous façonnez sa jeune âme et la tournez aisément vers le bien ou le mal. Plus tard il aura ses volontés propres, ses petites idées arrêtées, et repoussera peut-être votre influence, tandis qu'en ce moment il la recherche, la désire et s'y abandonne aveuglément. — Profitez de cette heureuse disposition; c'est un champ inculte, mais dont le fonds est fertile; semez-y hardiment le germe, non-seulement de la religion et de la vertu, mais du beau et du bon en toutes choses. Prenez garde qu'aucune idée fausse, erronée, n'entre dans sa jeune tête : Dieu seul sait le mal que vous auriez plus tard à l'en chasser. Accoutumez-le, au contraire, à se rendre compte de chaque chose, apprenez-lui à raisonner avec lui-même, et ne négligez pas surtout les formes extérieures de respect et d'obéissance, qui sont la base de toute bonne éducation.

Respect, obéissance, voilà en effet toute la politesse du premier âge : et combien de garanties de bonheur et d'avenir renferment ces deux mots si courts et si simples ! Si vous ajoutez à ces deux sentiments l'estime, l'affection, la confiance qui doivent en résulter; si votre conduite est toujours juste, bienveillante; si votre caractère est toujours calme et égal; si votre exemple en tout est d'accord avec vos leçons, certes, la tâche de l'éducation, si difficile pour la plupart des mères, deviendra pour vous aussi facile que consolante et agréable. — Vous verrez un autre vous-même grandir près de vous et refléter sans efforts et sans résistance tout ce que vous lui montrerez de bien en vous.

Une éducation basée sur la crainte est essentiellement vicieuse; elle refoule les plus doux sentiments de l'âme et donne naissance aux plus funestes défauts. C'est elle qui, trop souvent, développe dans un cœur d'enfant l'hypocrisie, le mensonge, l'esprit d'indépendance et de révolte, et, comme elle comprime toute expansion et toute confiance, il en résulte que les mauvaises tendances, qui auraient besoin d'être combattues, passent inaperçues et prennent ainsi un empire désastreux. Mais s'ensuit-il que l'on doive, pour éviter ce péril, tomber dans un danger plus grave encore, en écartant de l'éducation ce sentiment de respect profond et de vénération que doit éprouver l'enfant pour ceux qui ont mission de le guider et de le conduire?

Ce respect, cependant, est d'une si haute importance, qu'on pourrait dire qu'à lui seul il suffit presque pour suppléer à tous les autres. Autrefois, en effet, les enfants étaient dès leur naissance confiés aux soins des domestiques; on les élevait trop souvent loin du regard maternel, et ils ne paraissaient jamais à la table de famille. — Ainsi élevés au milieu de la domesticité, de tristes exemples devaient frapper leurs regards; mais le respect que leur inspiraient leurs parents, le religieux silence avec lequel ils écoutaient leurs avis, l'admiration que leur inspiraient leurs nobles et grandes manières, combattaient les funestes résultats de ce mode vicieux d'éducation, et, joints au respect du nom, au sentiment de la supériorité qui les plaçait au-dessus de tout ce qui était bas et vulgaire, ils les sauvegardaient en leur apprenant à respecter Dieu, à respecter la famille et à se respecter eux-mêmes : ce triple respect était une barrière entre eux et les exemples fâcheux qui leur étaient donnés.

Que ce sentiment bienfaisant et généreux ne soit donc pas banni de l'éducation maternelle, et quelque tendresse qu'une jeune mère ressente pour son enfant, qu'elle ne lui permette jamais d'oublier la distance qui les sépare et le respect qu'il lui doit, qu'elle ne le dispense pas des formules de politesse et des marques de déférence qu'elle est en droit d'attendre de lui. — A plus forte raison encore doit-elle l'accoutumer à être plein d'attentions et de déférence pour ses supérieurs; poli, gracieux et complaisant avec les autres enfants de son âge ; bon, affable, bienveillant avec les domestiques et les gens pauvres.

Au moment de la Révolution, l'éducation était assurément trop rigide; les parents manifestaient rarement leur tendresse à leurs enfants et se refusaient les douces joies de l'expansion et de la confiance. — Dans le grand monde, un fils appelait son père Monsieur, et celui-ci ne se laissait aller que dans de rares occasions jusqu'à tutoyer ses enfants. — Un jeune homme, une jeune fille, dans toutes les classes de la société, n'eussent osé s'asseoir ou parler en présence de leurs parents qu'après en avoir reçu la permission, et s'il se trouvait de par le monde autant d'enfants ingrats que de notre temps, du moins en présence de leurs parents très-peu se seraient-ils permis une résistance ouverte.

Le respect cachait de son voile tout-puissant la révolte des cœurs et sauvegardait l'autorité toujours reconnue du père de famille; mais ce résultat, heureux en apparence, dépassait le but, parce que ce respect reposait plus dans les formes que dans le cœur, par suite de cette sévérité outrée qui aliénait ce qui doit être la base de tout respect véritable: l'affection unie à l'estime et à la confiance. Et peut-être est-il permis de croire que les idées de révolte et d'indépendance qui amenèrent la révolution trouvèrent un aliment, bien plus qu'un frein, dans cette contrainte permanente où était maintenue la jeunesse.

Quoi qu'il en soit, avec les idées nouvelles mises en vigueur par le bouleversement social de 93, devait disparaître tout sentiment vrai de respect et d'autorité, et la famille allait tomber d'une excessive sévérité de formes dans le plus déplorable relâchement. L'autorité paternelle fut comptée dès lors pour assez peu de chose, et, par la plus étrange aberration, ce furent les parents eux-mêmes qui facilitèrent ce funeste résultat, en inculquant à leurs jeunes enfants les habitudes d'une désolante tumiliarité, introduisant ainsi, jusque dans le foyer béni de la famille, ce principe d'égalité dont les tristes effets se sont perpétués jusqu'à nous.

L'enfant tutoie ses parents, il ose les contredire et soutenir avec opiniâtreté son opinion contre la leur. A peine a-t-il quitté son berceau qu'il dit : *Ma maison, mes domestiques ;* il ne songe pas même qu'il est chez son père, il se sent *chez lui*. Il élève la voix, commande les domestiques, et jusqu'en présence de ses parents, il dit : *Je veux, je ne veux pas*. Il résiste à sa mère, et va, dans les classes inférieures, jusqu'à lever la main sur elle. La mère, au lieu de se renfermer dans sa dignité, menace de recourir à l'intervention paternelle, de sorte que l'enfant se dit que la force physique seule est à redouter, et du jour où il se sent aussi fort que son père il ne craint plus rien. Enfin, pour comble d'imprudence, la mère appelle espièglerie, gentillesse, l'esprit de révolte et d'opposition de son fils ; elle rit de ses caprices, raconte ses révoltes comme de glorieux indices de courage et d'énergie, oublie sa dignité propre jusqu'à prier au lieu de commander. — A peine est-il débarrassé de ses lisières qu'il croirait déroger à sa jeune dignité en formulant matin et soir un hommage affectueux à ses parents, et il se lève et se couche sans songer à ce qu'il leur doit.

Arrive enfin le moment où, sortant de l'enfance, le jeune homme s'émancipe tout à fait ; non-seulement les ordres de sa mère n'ont plus d'influence sur lui, mais ses larmes, ses prières demeurent sans effet. L'enfant qui s'est affranchi du joug paternel, ne saurait garder longtemps celui de Dieu; il se rit des alarmes de sa tendre mère, et avec un sourire suffisant: *La religion,* dit-il, *n'est bonne que pour les femmes.* — Pauvre femme, vois où t'a conduite ta fatale faiblesse; ton fils méconnaît ta sainte influence, tes vertus lui semblent une faiblesse dérisoire ; chez lui le sens moral est tellement interverti qu'il n'a même plus la conscience de ce qui est grand, noble et beau.

Il est devenu le jouet de l'orgueil, la victime de l'égoïsme; il se juge un petit phénix; il méprise l'expérience de l'âge et se croit, lui et les jeunes fous qui partagent sa sotte vanité, bien au-dessus des hommes plus âgés. Entendez-le parler de la supériorité des jeunes générations; voyez sa fatuité, l'assurance avec laquelle il juge et condamne sans appel les hommes et les choses les plus dignes de respect. — Pauvre mère, avons-nous dit; ah ! mille fois plus pauvre, plus malheureux jeune homme !...

La trop grande familiarité, la faiblesse dans l'éducation des filles semblent, de prime abord, avoir des conséquences moins fâcheuses; car, retenues par la timidité naturelle à leur sexe, elles ne secouent le joug ni si entièrement, ni si ouvertement.

La raison, disent la plupart des mères, est un grand maître: elle modifiera tout cela. Or, de tous les proverbes, celui sur lequel elles s'appuient est, sans contredit, le plus faux. La raison n'apprend rien qu'à l'âme et au cœur qui ont été préparés par l'éducation à recevoir ses précieuses leçons. — Pour l'*enfant gâtée,* pardonnez-moi cette expression un peu vulgaire, mais à laquelle je ne trouve pas d'équivalent; pour l'*enfant gâtée*, c'est-à-dire *mal élevée*, la raison ne fait qu'augmenter et accroître les tristes défauts qui ont pris racine en son cœur. Infatuée d'elle-même, notre petit tyran domestique ne tarde pas à se croire bien supérieure à tout ce qui l'entoure. Tant qu'une sorte d'instinct lui révélait son impuissance à se conduire et à se diriger, elle avait eu des moments de soumission; mais à présent que son orgueilleuse raison lui souffle la confiance en elle-même, elle prétend voler de ses propres ailes. — Sa mère, cependant, parvient quelquefois à se faire son amie, et le danger alors est amoindri par la confiance qui en résulte. Nous disons amoindri, car nous ne pensons pas qu'il puisse être atténué entièrement. — Nous croyons que si la jeune fille n'en éprouve pas les effets tant qu'elle vit sous la direction maternelle, elle les sentira doublement lorsque, livrée à elle-même et devenue femme et mère à son tour, elle se trouvera en présence des devoirs austères de la famille, sans y avoir été préparée de longue main par l'habitude de la soumission et de l'abnégation.

Toute la vie de la femme pouvant, en effet, se résumer dans ces mots: soumission, bienveillance, égalité d'humeur, comment une jeune fille, habituée à imposer toutes ses volontés à sa mère, à ne se contraindre en rien, fera-t-elle à son mari les concessions nécessaires que demande le bonheur domestique? Comment la jeune fille étourdie, frivole, dont la toilette et les plaisirs ont fait jusqu'alors la principale occupation, saura-t-elle s'astreindre aux pieuses occupations de la mère chrétienne et se dévouer à l'éducation de ses enfants? Comment enfin repoussera-t-elle de son cœur l'amour de soi, l'égoïsme et l'habitude de satisfaire tous ses caprices, pour se montrer femme du monde, bienveillante, aimable, gracieuse, toujours toute à tous?

III

RESPECT. — AFFECTION. — OBÉISSANCE.

Je viens d'essayer de vous montrer, ma chère enfant, les inconvénients de la sévère éducation d'autrefois et les graves dangers de la familiarité et de l'excessive faiblesse qu'on lui a substituées. — Le premier mode annihilait l'amour, ce premier lien, ce plus saint devoir de la famille ; car si Dieu, après avoir ordonné à l'homme de l'adorer, lui fait un commandement non moins formel de l'aimer, et ajoute à cette obligation celle d'étendre cet amour à ses semblables, c'est surtout à ceux qui représentent son autorité sur la terre que cet ordre divin doit avant tout s'appliquer ; que l'on ne croie pas d'ailleurs que cette affection soit incompatible avec la crainte salutaire que doivent nous inspirer nos parents ; car cette même vérité infinie, qui ne peut ni se tromper ni nous tromper, après nous avoir fait une loi de l'aimer, nous a appris par la bouche de ses prophètes que *la crainte du Seigneur était le commencement de la sagesse*, nous indiquant ainsi lui-même comment nous devions concilier, et dans nos rapports avec lui, et dans nos rapports avec la famille, l'amour, la confiance et le respect;

cette crainte produite par la pensée d'affliger celui que l'on aime, bien plus que par l'effroi d'encourir une punition, est un sentiment précieux que tend malheureusement à détruire le second système dont je vous ai parlé.

Après cette malheureuse tentative de réforme, certains moralistes pouvaient à bon droit *vanter le bon vieux temps* et demander à cor et à cri que l'on revînt aux saines traditions du passé, y compris l'usage du fouet, l'exclusion du salon pendant la première jeunesse et jusqu'à l'austère gravité qui tenait à cent lieues de leurs parents non-seulement les petits, mais les grands enfants. Les gens de bon sens n'ont accepté qu'une partie de cette juste condamnation des errements de notre époque, et ont sagement pensé qu'un terme moyen pouvait en éviter les dangers sans retomber dans les inconvénients du passé. C'est ce terme moyen, ma chère enfant, que je veux vous apprendre à connaître et à mettre en pratique, si Dieu vous donne jamais une jeune famille à gouverner.

Votre premier soin, votre premier devoir sera de veiller constamment sur vous-même, afin que votre conduite, votre exemple dans les plus petites choses, soient en harmonie parfaite avec vos leçons. — Vous vous accoutumerez à la réflexion, à la circonspection, afin de n'avoir jamais à revenir sur un ordre donné, sur une défense faite. — Afin d'avoir toujours une humeur douce et égale, vous réformerez toute violence, toute pétulance de caractère, — remarquez bien que je ne parle ni de la gaieté, ni de la promptitude de pensée ou d'esprit. — Vous n'oublierez pas que la pensée de Dieu doit être la première à pénétrer dans une jeune intelligence, et que si vous n'établissez pas votre système d'éducation sur la piété et l'amour divin, vous bâtirez sur le sable. — Vous prendrez pour devise et règle de conduite les trois mots écrits en tête de ce paragraphe : *Respect, affection et obéissance;* et en ceci surtout vous aurez grand soin de ne pas vous contredire vous-même; quoique épouse et mère, vous ne vous croirez pas dispensée de vos devoirs de fille, montrant ainsi aux chers petits êtres que vous voulez rendre bons et parfaits, que ce ne sont pas là des vertus à l'usage de l'enfance seulement, mais que leur pratique, qui dure autant que la vie, est la seule garantie de l'ordre, du bonheur et de la stabilité de la famille. — Enfin, vous vous garderez de leur présenter leur père comme une sorte d'épouvantail, et si vous employez sur leur cœur ce stimulant, ce ne sera jamais pour les menacer de sa colère, mais pour leur faire craindre de l'affliger ou pour les porter à le rendre heureux.

IV

DEVOIRS ENVERS DIEU.

La religion devant être la base de toute éducation, comme elle sera le guide et la sauvegarde de la vie, il est de toute justice, ainsi que nous le disions tout à l'heure, que le nom béni de Dieu soit celui qu'un enfant bégaie le premier; et dès que cet enfant commence à penser et à parler, il faut qu'il sache que celui qui l'a créé a droit, même avant ses parents, à son hommage, à son amour. Une prière naïve, simple, enfantine, sera donc la *première chose* que votre enfant vous entendra chaque matin adresser en son nom au ciel. — Vous exigerez que sa tenue soit respectueuse, ses petites mains croisées et son regard posé autant que possible sur une image sainte; vous exigerez que ses petites lèvres répètent chaque mot après vous, jusqu'à ce qu'il sache bien par cœur les pieuses paroles. Et alors encore vous ne le livrerez pas à lui-même quand il les récitera, mais vous les lui ferez dire devant vous, afin de bien vous assurer qu'il ne se laisse point aller à les répéter machinalement et comme une simple formule.

Il est, ce me semble, peu convenable de conduire à

l'église un enfant trop jeune pour comprendre la majesté du lieu saint; c'est exposer les fidèles à être troublés dans leur recueillement, et surtout c'est exposer l'enfant à ne pas apprécier assez, dans l'avenir, l'importance du respect et du recueillement. Habitué, en effet, à la vue des saints autels avant de savoir la majesté du Dieu qui y réside, n'est-il pas à craindre que plus tard nos saintes cérémonies n'exercent plus sur son esprit et sur son cœur la même influence? Il me paraît donc qu'il est sage et prudent de ne conduire un enfant dans le temple du Seigneur que lorsque cet enfant a appris à bénir, à aimer le doux Jésus et à vénérer sa divine Mère; il faut alors lui montrer comme une récompense les visites faites au bon Dieu, et l'accoutumer à s'y tenir en silence et avec respect. Si jeune qu'il soit, ne souffrez pas qu'il aille et vienne, qu'il mange, qu'il tourne le dos à l'autel, se couche sur sa chaise, joue avec votre livre ou avec une image, en un mot, se livre à toutes ces petites libertés que tant de jeunes mères procurent elles-mêmes à leurs enfants, sous prétexte de les faire tenir tranquilles. Outre que tout cela est souverainement déplacé, quelles impressions ne recevra pas un jeune cœur et comment, plus tard, pourra-t-il se pénétrer d'un sentiment suffisant de respect pour un lieu que ses premiers souvenirs lui montreront comme ayant servi à une demi-récréation? Si par hasard votre jeune fils, votre petite fille se trouvaient conduits en présence d'un monarque, n'exigeriez-vous pas une tenue respectueuse et leur mettriez-vous un jouet ou un gâteau en main?... De quel droit oseriez-vous être plus sévère dans la maison d'un roi de la terre que dans celle du roi du ciel?

« Mais, me direz-vous peut-être, comment exiger d'un jeune enfant une longue attention. » — J'attendais cette objection que j'ai entendu faire à plus d'une femme, et j'y répondrai par une autre question: « Qui vous force à exiger cette *longue attention*, et pourquoi faire pour un enfant un objet d'ennui et de contrainte de l'accomplissement d'un devoir qui doit être chez lui spontané et agréable? Pourquoi infliger à son esprit léger et mobile, une tension au-dessus de ses forces, et l'obliger à recourir à des distractions qui, à tout âge, doivent être bannies de la maison du Seigneur? Comme je vous l'ai dit dans une des précédentes parties de cet ouvrage, en vous parlant des précautions à prendre pour mesurer les exercices de piété aux forces de chacun, vous devez éviter à un jeune enfant une trop longue prière et un trop long séjour à l'église. N'attendez pas qu'il bâille et qu'il s'ennuie pour donner le signal de la retraite mais faites en sorte qu'en quittant l'église il dise : *Déjà?* Prenez bien garde de le rebuter (il est bien entendu que je parle ici d'un tout jeune enfant), et attendez, pour l'accoutumer à assister aux offices, que sachant lire, il puisse occuper utilement son esprit. Jusque-là bornez-vous à une adoration au Saint-Sacrement, une petite visite à la chapelle de sa bonne Mère la sainte Vierge, renouvelée tous les jours, s'il est possible, et dont vous le priverez lorsqu'il n'aura pas été sage.

Voilà pour les pratiques de piété; une question non moins grave concerne l'*instruction religieuse.* — Que ce mot ne vous effarouche pas, ma chère enfant: je ne prétends pas vous astreindre à apprendre le catéchisme à un enfant encore dans les bras de sa nourrice. — Ce n'est donc point d'une *étude* qu'il s'agit, mais du soin que vous prendrez de révéler la grandeur, la bonté, la puissance de Dieu au cœur de votre enfant. Tout ce qui l'entoure est un livre magnifique et immense dans lequel vous devez lui aider à lire. — Il n'est pas un seul objet qui ne puisse prêter matière à une leçon de ce genre; les questions mêmes du charmant petit être qui veut tout savoir, vous aideront à remplir cette tâche, et sans qu'il s'en doute, sans que vous vous en doutiez vous-même son cœur et son intelligence, se développant à la fois, s'élèveront ensemble vers celui qui est la source et le dispensateur de tout bien. Surtout prenez garde de lui inculquer aucune idée fausse... Mais cette recommandation devant faire le sujet d'un paragraphe spécial, nous n'avons pas à nous en occuper ici.

V

DU DANGER DE TROMPER LES ENFANTS.

Surtout prenez garde, vous disais-je tout à l'heure, d'inculquer à un enfant aucune idée fausse; j'ajoute qu'aucun principe, en matière d'éducation, n'est plus important que celui-là. De quel droit exigerez-vous en effet qu'un enfant, lorsqu'il saura que vous avez pu le tromper une fois, ajoute foi ensuite à vos paroles? Qui lui apprendra à distinguer, dans ce que vous lui direz, le vrai du faux? Et s'il n'est pas détrompé tout de suite, comment lorsque, devenu plus grand, il s'apercevra qu'une de vos réponses était fausse, éviterez-vous que tout l'échafaudage de votre enseignement ne s'écroule, parce que, confondant toutes vos leçons avec la réponse qui l'a induit en erreur, il les rejettera toutes, se débarrassant ainsi de la doctrine qui entrave ses passions naissantes et met un frein à ses défauts. Les vices, l'inconduite d'une foule de jeunes gens, n'ont pas d'autre cause: ils se sont aperçus un beau jour qu'une foule de souvenirs de leur enfance s'appuyaient sur des *contes de nourrice*, et la parole de leur mère, perdant ainsi de son prestige et de sa sainte autorité, est devenue en toutes choses l'*organe d'enfantillages bons pour les femmes et les sots.*

Vous éviterez ce malheur, mon enfant, en vous attachant à ne jamais induire un enfant en erreur. — Vous répondrez à ses questions aussi simplement que possible, mais toujours *raisonnablement* et *avec vérité;* vous chercherez des comparaisons naïves et frappantes, mais exactes ; bien plus, vous aurez soin de vous assurer que vos réponses ont été bien comprises. Puisque l'enfant, me direz-vous peut-être, aime le merveilleux, n'est-il pas permis de faire servir cette disposition à l'intéresser et à l'instruire en stimulant son imagination ? — Je ne veux certes pas vous interdire d'employer jamais la fiction, le conte, la fable, qui assurément instruisent en amusant ; mais que votre jeune auditeur sache bien que vous ne prétendez pas lui conter un fait vrai, et ne lui donnez jamais pour vérité un mensonge.

Quant à ces terreurs imaginaires dont se servent tant de femmes pour obtenir l'obéissance de leurs enfants, ne permettez pas que l'on y ait recours chez vous. Un enfant qui est pénétré de crainte, d'amour et de respect pour Dieu et ses parents, n'a d'ailleurs nul besoin de l'intervention de Croquemitaine ni de l'homme Noir pour obéir et être sage ; il lui suffit de savoir qu'il offenserait Dieu et ferait de la peine à sa bonne mère.

Un enfant fait-il une question embarrassante, on croit avoir tout gagné en répondant par une absurdité, que l'on s'applaudit de lui voir accueillir en toute naïveté ; mais qu'arrive-t-il ensuite ? L'enfant grandit, et, s'il continue à garder la même simplicité crédule, il passera pour un sot ; s'il la perd, c'est pis encore : il sait, il a appris malgré vous et à votre insu, et Dieu sait de quelle manière, des choses que vous vouliez lui tenir cachées. — Une mère n'a qu'une ressource dans les cas où des questions auxquelles elle ne peut répondre lui seraient faites, c'est de déclarer tout net à l'enfant que ce sont des choses qu'il ne peut comprendre et qu'on lui expliquera plus tard. Si l'enfant est bien élevé, qu'il ait une confiance pleine et entière en sa mère, cette simple réponse lui suffira et détournera sur-le-champ une curiosité indiscrète.

Il me souvient, ma chère enfant, d'avoir lu dans le spirituel critique dont je vous ai déjà cité plusieurs fois les avis, un très-intéressant article sur le danger de tromper et de gâter les enfants ; je vais le chercher pour vous le donner ici :

« L'enfant en bas âge, dit-il, est la plus faible peut-être de toutes les petites créatures ; c'est celle du moins qui reste le plus longtemps dans un état de débilité et de dépendance absolue. — Eh bien ! on cherche déjà à le tromper, à lui cacher soigneusement sa faiblesse et sa dépendance. — Qu'un baby crie parce qu'il a faim, parce qu'il a soif, parce qu'il souffre, il est dans son droit, et le devoir, bien mieux l'instinct invincible de la mère, est de le soulager ; mais qu'il s'avise de tendre ses petites mains d'un côté ou d'un autre, le plus souvent par hasard, on s'épuise à deviner ce qu'il veut, on va lui chercher et on lui présente tour à tour ce qui se trouve dans toutes les parties de la chambre, le miroir, le chat, l'oiseau, etc., jusqu'à ce qu'il saisisse quelque chose et qu'il s'amuse à le casser, à le pincer, à le plumer, etc.

« Tout doucement le despotique bambin remarque que tout le monde est empressé à le servir, que les choses, les gens et les polichinelles lui obéissent et que, à la moindre hésitation, il n'a qu'à pousser quelques vagissements, pour que choses et gens se hâtent d'accourir, repentants, essoufflés, à ses ordres.

« C'est une indigne tromperie que vous adressez au baby ;... vous lui faites croire qu'il est fort ; s'il vous bat, vous faites semblant de pleurer, et d'avoir peur de lui ; vous lui faites croire qu'il ne trouvera autour de lui qu'esclaves et amis, que les choses le comprennent et viennent à sa voix, tandis que plus tard il trouvera les choses indifférentes, les amis exigeants, les autres hommes ennemis. Vous le livrez désarmé aux mécomptes, aux désappointements, aux futilités de tout genre.

« Sans même regarder aussi en avant dans la vie, et à ne porter les yeux que sur le temps de l'enfance, il est facile de remarquer que les parents qui gâtent leurs enfants (c'est le terme consacré et dont l'habitude a fait disparaître le sens juste et énergique), sont en même temps ceux qui les font, en moyenne, le plus pleurer, ceux qui les grondent et les rudoient le plus. En effet, vous tolérez aujourd'hui que le marmot déchire ceci ou cela, parce que c'est une vieille étoffe ou un papier inutile ; vous riez parce qu'il exige votre plume en criant, et vous en prenez une autre. Vous riez encore s'il tire les oreilles du chien de la maison, complice par sa douceur de la mauvaise éducation que l'enfant reçoit; vous riez s'il assourdit les voisins avec son tambour: puis, vient un jour où il déchire une riche dentelle à sa mère ou un papier important oublié sur votre bureau; et il ne veut plus votre plume, mais votre montre, et il la jette au feu. Il tire l'oreille d'un chien inconnu, et le chien le mord; il frappe sur son tambour tandis que vous voulez causer ou travailler: et vous voilà en colère, vous voilà grondeur, peut-être brutal, et à coup sûr parfaitement injuste et parfaitement absurde. En effet, l'enfant n'a fait que ce que vous lui avez permis de faire, ce que vous avez approuvé et admiré cent fois; il est parfaitement dans son droit.

« Que sera-ce donc lorsqu'il n'aura plus à souffrir de la différence d'une mère de bonne humeur à la même mère de mauvaise humeur, mais d'une mère faible et obéissante à des étrangers hostiles.

« Ce n'est pas sans raison que la nature a fait et laisse si longtemps l'enfant faible et désarmé; elle a voulu que l'homme eût le temps d'apprendre à se soumettre à la nécessité, et c'est cette éducation si indispensable que vous dérobez à votre enfant. Pour lui éviter quelques petits chagrins, ou plutôt pour vous éviter à vous-même l'ennui de quelques cris, vous amassez des luttes, des douleurs, sur la tête de l'homme que sera cet enfant, alors qu'il apprendra qu'il perd sa puissance à mesure qu'il perd sa faiblesse.

« Ah! je comprends combien il serait doux de prévenir tous les désirs d'un enfant, d'émailler toutes ses routes de fleurs, toutes ses heures de plaisirs, d'écarter de lui tous les chagrins: mais restera-t-il toujours enfant et serez-vous toujours là pour le protéger? Vous deviendrez vieux et vous mourrez; avant cela même, lui deviendra jeune homme et vous échappera, et il s'élancera dans la vie avec les idées fausses que vous lui avez données, se heurtant aux choses et aux hommes et trébuchant à chaque pas; ici se cassant la tête, là, se brisant le cœur. — Non, non, ne le trompez pas ainsi... Ne placez pas à gros intérêts les petits chagrins enlevés à l'enfant pour que l'homme les retrouve plus tard grossis et multipliés.

VI

DIRECTION DE L'ÉDUCATION — ÉCUEILS A ÉVITER.

Après avoir ainsi appris à un enfant à connaître, à aimer Dieu, en lui montrant dans tout ce qui l'entoure la grandeur, la puissance et la bonté du Seigneur; après lui avoir inspiré pour elle-même une entière confiance et une tendre affection, il est facile à une mère de cultiver avec bonheur et succès une jeune âme ainsi préparée. Les leçons à donner seront de tous les instants, sans jamais affecter la forme pédagogique qui rebute toujours l'enfance. Cet enseignement continuel, plus important qu'on ne pense généralement, développe singulièrement l'intelligence et le jugement, et sert de base à toutes les connaissances à venir. Mais vous comprenez, mon enfant, qu'il ne peut entrer dans le cadre de cet ouvrage de vous entretenir ici des diverses parties sur lesquelles doit se porter votre sollicitude; je ne puis donc que vous engager à consacrer toute votre intelligence à cette œuvre si chère et si utile.

Étudier le caractère d'un enfant est la première précaution à prendre; et ce caractère se manifeste, je vous l'ai dit, bien avant qu'il puisse parler et agir lui-même. Telle nature, lente et engourdie, a besoin d'être excitée;

telle autre, trop vive et trop prompte, doit être sans cesse maintenue; tout le talent de l'éducation consiste à bien saisir ces nuances.

Parlez aux enfants le langage qui convient à leur intelligence, simple dans l'expression et imagé dans la pensée. Servez-vous de comparaisons; rien ne les frappe et ne les intéresse autant; rien surtout n'inculque mieux dans leur mémoire les impressions que vous voulez y laisser. Mais que le désir de vous faire mieux comprendre ne vous entraîne jamais à employer un langage trivial ou ridicule; corrigez, au contraire, les formes par trop enfantines qu'ils pourraient employer eux-mêmes, et pour la langue, comme pour toutes choses, prenez soin que rien que de bien et de correct ne soit offert à leur imitation.

Un des grands écueils de la première éducation, c'est l'intervention et l'influence des domestiques. — Combien de fois les soins, les peines de la mère n'ont-ils pas été au fur et à mesure annihilés par les exemples contraires donnés par une nourrice, par une bonne ! Que de faiblesses d'esprit, de petitesses, de susceptibilités, d'idées fausses et superstitieuses qui empoisonnent et gâtent toute une vie, n'ont pas d'autre point de départ ! — Que de vices même, de corruption précoce, sont dus à l'impression produite par la conduite des femmes chargées de promener un enfant, auquel elles laissent voir et entendre une foule de choses qu'il ne comprend que trop bien et qu'il devrait ignorer, auquel enfin elles enseignent l'hypocrisie par cette recommandation si fatale : — Ne le dites pas à votre mère, et je vous récompenserai ou je vous punirai, selon le caractère de l'enfant et leurs propres habitudes. — *Je vous récompenserai*, et comment : par des friandises qui ajouteront au mensonge et à la fausseté, le défaut de gourmandise, ou en aidant à leurs caprices, ce qui les rendra volontaires et despotes. — *Je vous punirai*, c'est-à-dire, je vous tourmenterai sans motif, ou plutôt pour avoir fait votre devoir, corrompant ainsi leur esprit et leur jugement, en leur apprenant l'injustice et en les accoutumant à céder à la force brutale.

Malheureusement, ce ne sont pas, soit dit en passant, les domestiques seuls qui donnent à l'enfant ces leçons de duplicité et de cachotterie. — Combien de mères, dans les classes inférieures de la société surtout, ont la funeste habitude de faire à leurs maris une foule de mystères et ne craignent pas de recommander le secret à leurs enfants, témoins non-seulement de leur conduite mystérieuse, mais encore trop souvent des mensonges au moyen desquels elles la soutiennent ensuite, se figurant que dès l'instant où la chose ainsi dérobée à la connaissance d'un mari n'est pas essentiellement mauvaise, c'est une ruse de ménage permise et dont l'exemple n'offre aucun danger.

Aucune illusion, peut-être, n'est plus fausse et plus fatale ; car, qui peut dire la distance qui séparera ce mot imprudent : *Que votre père n'en sache rien*, d'avec celui bien autrement grave : *Ma mère l'ignorera*, que l'enfant se croira bientôt en droit de se dire à lui-même ;

car l'enfant raisonne avec une étonnante logique et assurément il aura raison de conclure que le mensonge permis à sa mère ne saurait être pour lui un crime, et qu'il n'est pas plus tenu à agir avec franchise avec elle, qu'elle-même ne le fait avec son mari.

Mais je reviens au danger de l'influence des domestiques sur l'esprit et le cœur des enfants, danger dont une mère ne peut se garantir qu'en donnant d'abord un soin rigoureux au choix des gens qui doivent approcher ses enfants, et ensuite en ne les leur confiant que le moins possible. — Cette dernière précaution a des résultats si importants que dans les pensionnats, dans les colléges, des maîtresses attentives, des maîtres observateurs reconnaissent à l'instant et dès l'entrée de leurs élèves, à leurs manières et au développement de leur intelligence, ceux qui ont grandi sous la continuelle surveillance de leur mère et ceux qui ont été livrés à des soins mercenaires.

Tâchez donc, mon enfant, de vous dévouer *corps* et *âme* à l'éducation de vos enfants, quittez-les le moins possible, surtout à la promenade : le plus grand danger est là et si vos dévoirs de société ou d'intérieur s'opposent à une surveillance assez continuelle, n'épargnez rien pour vous faire suppléer, tant qu'ils sont petits, par une personne de sens et de piété, et dès qu'ils grandissent, n'hésitez pas à vous en séparer et à les confier à des maîtres dignes de votre confiance.

Je ne prétends pas vous tracer ici un code de civilité ; je ne vous dirai pas l'ordre que vous devez exiger dans un jeune enfant pour son lever, son coucher, ses jeux, ses repas ; la propreté à laquelle vous devez l'accoutumer, la politesse à laquelle vous le façonnerez, et qui, grâce à vos leçons, n'enlèvera rien à la simplicité de son âge et donnera plus de charme à sa franchise, modérera l'excès de sa gaieté, le maintiendra dans ses jeux et l'empêchera de se rendre fatigant et insupportable aux étrangers. Je ne vous dirai pas comment vous saurez l'habituer à jouer sans trop de bruit près de vous, afin qu'il puisse être votre petit compagnon assidu, même en présence d'une visite ; comment vous le formerez à la discrétion, en lui faisant remarquer que vous parlez librement devant lui parce que vous êtes sûre qu'il est déjà assez maître de lui-même pour que vos secrets soient en sûreté dans son cœur. — Cette confiance, en flattant son amour-propre, aidera à sa discrétion. Il se sentira fier de son importance, il vous saura gré de l'apprécier, et non-seulement vous n'aurez pas à redouter son bavardage, mais vous assurerez à toute sa vie le bienfait d'une des plus précieuses qualités. — Je n'entrerai pas, en un mot, dans le détail d'aucune des qualités physiques et morales que vos soins lui assureront ; mais j'insisterai sur un des points les plus négligés peut-être, et cependant, sans contredit, le plus grave, le plus important : je veux parler de la modestie et de la décence.

On s'étonne dans le monde de voir des hommes, des femmes, vertueux dans leur conduite, se permettre des libertés de langage qui sont assurément peu en harmonie avec les principes qu'ils pratiquent. A quoi tient cette opposition, si ce n'est à la funeste habitude contractée dans l'enfance de ne se contraindre en rien ; — avec une petite fille, par exemple, vous souffrez jusqu'à cinq ou six ans les plus tristes libertés : vous les laissez marcher dans la maison à demi vêtues, vous leur permettez de satisfaire les besoins les plus secrets devant vous, devant des domestiques, et puis, tout à coup, vous allez leur dire, presque sans transition, qu'une fille doit être modeste, réservée, que c'est un péché de découvrir ses épaules, sa poitrine ; mais, se demandera-t-elle, pourquoi était-ce permis hier et défendu aujourd'hui ? — Car, elle ne comprendra pas qu'elle a grandi, et d'ailleurs il ne saurait être logiquement vrai que de la veille au lendemain, une transformation réelle se soit accomplie. — Elle a grandi par degrés, et c'est tout à coup que vous voulez réformer ses manières ! — Elle est plus conséquente que vous en trouvant ce changement absurde. — Quelle raison lui donnerez-vous, par exemple, pour lui faire changer en vingt-quatre heures une jupe si courte qu'elle ressemble à celle d'une poupée de bateleur contre une robe cachant jusqu'à la cheville ? — Comment lui persuaderez-vous, qu'elle doit couvrir ses épaules d'un fichu et se vêtir d'une jupe avant de se laisser lacer et peigner par sa femme de chambre, lorsque vous aurez souffert jusqu'alors qu'une bonne l'habille avec la même liberté qu'un enfant au maillot ? — Oh ! je vous en conjure, prenez ces avis en considération : Dès qu'un enfant peut se servir de ses mains, accoutumez-le à se donner lui-même les soins de propreté et de toilette que réclame son corps, et dans ceux que vous devez lui rendre ou lui faire rendre, veillez à ce que les saintes lois de la pudeur soient fidèlement respectées. — Ne souffrez aucune liberté même en votre présence. Le changement de linge, l'entrée et la sortie des bains, tout doit se faire pour un baby de trois ou quatre ans, avec la même retenue, les mêmes soins que s'il en avait vingt.

Bien entendu que si vous devez apporter tant de précaution pour conserver à vos enfants la douce fleur de la modestie et de la décence, vous devez surveiller avec plus de vigilance encore la sainte pureté de leur cœur et de leurs pensées. Leur innocence vous est commise en garde; vous êtes ici-bas leur ange protecteur; sachez vous rendre digne de cette mission presque céleste. Veillez sans relâche sur eux; écartez de leur chemin tout ce qui pourrait troubler leurs regards; ne laissez arriver à leurs chastes oreilles ni propos médisants, ni paroles légères; ne souffrez chez vous aucun livre dont la lecture serait capable de troubler leur imagination; surveillez, sans qu'ils s'en doutent, leurs moindres gestes, leurs moindres démarches, ne les confiez à personne dont vous ne soyez parfaitement sûre; enfin ne leur permettez de liaisons avec de petits camarades de leur âge, qu'après avoir bien étudié le caractère, les habitudes, l'éducation de ceux-ci, et, toutes ces précautions prises, ne croyez pas encore pouvoir vous départir de votre surveillance et les livrer à eux-mêmes.

Voilà, ma chère enfant, les principales recommandations que m'a inspirées mon expérience; puissent-elles être accueillies par vous avec le même plaisir que j'ai trouvé à vous les adresser; puissent-elles surtout porter quelques fruits et contribuer à votre bonheur, en vous aidant à assurer celui des êtres qui vous sont chers à de si justes titres. — C'est le vœu de la plus sincère et de la plus dévouée de vos amies.

CONCLUSION

ENNUIS ET DÉCEPTIONS ATTACHÉS A LA FORTUNE ET A LA PUISSANCE.

Un dernier conseil, ma chère enfant, avant de clore ces lignes : beaucoup d'hommes et peut-être un plus grand nombre encore de femmes font consister le bonheur dans une existence élevée et brillante. Ils consument leur vie à poursuivre ce but, et ils lui sacrifient trop souvent le bonheur véritable, les joies saintes et pures de la famille. — Monter, monter toujours, semble le mot d'ordre de la société, heureux encore lorsqu'on n'ajoute pas à cette insatiable ambition des sentiments de haine et de jalousie contre quiconque est, sous ce rapport, plus favorisé que soi...

Et cependant, en outre du desséchement de l'âme et du cœur qu'amène cette fatale tendance, que désire, qu'espère l'ambitieux?.... Le bonheur est-il donc invariablement fixé à la cime de l'échelle sociale? — Est-on sûr d'y trouver des compensations suffisantes aux inquiétudes, aux tourments et quelquefois aux remords que coûte l'ambition satisfaite? — Je n'entreprendrai pas, mon enfant, de résoudre moi-même cet effrayant problème, je veux que la leçon vous vienne de plus haut; je veux que la femme que la fortune a le plus élevée en n'employant que les moyens les plus dignes et les plus nobles, vous dise de sa voix puissante et persuasive ce que peuvent les honneurs de ce monde pour notre félicité; je veux que celle qui a profité du crédit et de la puissance mieux que nulle autre femme au monde et n'a jamais employé ce crédit, cette puissance que pour le bien et la gloire de la religion et de la France, vous dise combien, alors même que la conscience n'a que des éloges à nous donner, est écrasant le fardeau de la dignité et de la grandeur. — Je laisse, en un mot, à madame de Maintenon, le soin de vous convaincre elle-même à ce sujet, et je crois ne pouvoir mieux achever cette série de conseils, qu'en transcrivant ici quelques passages de ses entretiens avec ses filles chéries, les dames de Saint-Cyr (1).

(1) Ces entretiens ont été soigneusement recueillis par les dames de Saint-Cyr, avec lesquelles madame de Maintenon les eut dans sa retraite. C'est un tableau fidèle des sentiments dont elle était pénétrée, des principes qu'elle a suivis ainsi que de l'insupportable contrainte et des tourments perpétuels, auxquels elle était condamnée dans le sein des grandeurs. Il semble qu'elle ait eu le dessein d'en dégoûter jusqu'à ses envieux, car qui voudrait de la grandeur à pareil prix? (*Note de l'éditeur des Œuvres de madame de Maintenon.*)

I

DE LA PRUDENCE DANS LES AMITIÉS.

« ..... Il n'est rien de plus doux, que de vivre avec ses amis et de s'entretenir à cœur ouvert avec eux. Il y a cependant une maxime d'un auteur païen qui est prudente, mais que je trouve bien dure ; c'est d'agir toujours avec ses amis, comme si nous étions assurés qu'ils deviendront un jour nos ennemis. Pour moi, je me contenterais de ne leur laisser voir rien de mauvais en moi, je tâcherais de n'avoir aucun tort en leur présence, comme en celle de ceux que j'aimerais le moins, parce qu'il peut arriver mille choses qui nous séparent et qu'alors on est au désespoir de s'être trop fié à eux et de leur avoir parlé sans réserve, sans compter qu'on n'est jamais aussi sûr des autres que de soi-même... Il y a tant de choses qu'on entend mal, tant d'autres qu'on gâte en les ôtant de leur place, ou en les dépouillant de ce qui les environne; il y en a tant qui échappent en certains moments de relâchement et de faiblesse; tant qui, dites avec naïveté, peuvent être mal interprétées, qu'on ne peut trop veiller sur ses paroles et sur ses actions, quand ce ne serait que pour empêcher un ami de prendre nos saillies pour des sentiments, et les premières idées que la réflexion détruit, pour l'état habituel de notre âme. Et ce n'est point là une hypocrisie : car dans cette circonspection il n'y a nulle ombre de fausseté, et dans l'hypocrisie tout est faux. Il ne faut donc rien laisser voir à nos meilleurs amis, dont ils puissent se prévaloir, quand ils ne le seront plus. Il est bien fâcheux d'avoir à rougir dans un temps, de ce que l'on aura fait ou dit par imprudence dans un autre. Je le disais, il y a bien des années, à M. de Barillon : Rien n'est plus habile qu'une conduite irréprochable : et après bien des hauts et des bas dans sa fortune, il en convient. Vous ne saurez trop répéter cette maxime à vos enfants : Qu'ils ne donnent jamais que de bons conseils, qu'ils agissent dans les affaires les plus secrètes comme s'ils avaient cent mille témoins. Il faut un frein à la faiblesse humaine, sans quoi il y a tant de tentations délicates où elle succomberait. Il n'y a rien qui ne se découvre enfin, sans compter qu'il est plus beau de n'avoir jamais fait qu'un personnage vertueux. Quand le monde ignorerait quelle a été notre conduite, Dieu l'ignorera-t-il. Et quand nous ne serions pas récompensés de notre sagesse par l'estime publique, n'en sommes-nous pas payés par le bon témoignage de notre conscience?.... »

II

LES DEVOIRS SONT EN PROPORTION DE L'ÉTAT QU'ON A DANS LE MONDE.

« Je sens, nous dit madame de Maintenon, je sens une grande joie quand je vois fermer la porte sur moi en entrant dans cette solitude (Saint-Cyr), d'où je ne sors jamais qu'avec peine. Souvent en retournant au château je me dis: Voilà selon les apparences, voilà une partie de ce monde pour lequel Jésus-Christ n'a point prié... Je sais qu'il y a de belles âmes à la cour et que la vertu a des élus dans tous les états ; mais il est certain, qu'en général, c'est là surtout ce qui s'appelle le monde ; c'en est le centre : c'est là où toutes les passions sont en mouvement, l'intérêt, l'ambition, la haine, l'envie. C'est donc dans ce monde si souvent maudit que je vais ! Je vous avoue que ces réflexions me donnent un sentiment de tristesse et d'horreur à la vue de Versailles. Il faut pourtant que j'y demeure. — Mais, dit une de ces dames, qui vous y retient ? — Hélas ! répondit-elle, des liens sacrés.

« — Il faut du moins que Dieu vous dédommage de cette contrainte par de très-grandes consolations. — Mon grand consolateur, répliqua-t-elle, c'est Saint-Cyr.

J'avais espéré qu'on y ferait du bien et l'on y en fait. Cette maison est destinée, ce me semble, à mon repos et à mon salut. Je ne suis jamais plus contente, que quand je suis ici. Je ne pense plus alors qu'il y ait une cour ; et il est bien doux de voir ses peines suspendues, lorsqu'on n'a plus l'espoir de les voir finir.

« — Et je lui dis : Je suis sûre que vous étiez bien contente ce matin, car vous avez mangé le pain des saints, et conversé longtemps avec Dieu, ce qui ne vous est pas si aisé à Versailles.

« — Il est vrai, répondit-elle, qu'il faut que je prenne pour mes prières et pour les messes, le temps où tout le monde dort encore ; car quand on a commencé d'entrer chez moi, je n'ai plus un instant à moi. M. Maréchal (le premier chirurgien du roi) arrive à 7 heures et demie ; puis M. Fagon qui est suivi de M. Blonin, ou de quelques autres qui désirent savoir de mes nouvelles. M. Chamillart ou quelque autre ministre, M. l'archevêque, un maréchal de France qui va partir, un parent, une quantité d'autres qui viennent à la file, et qui n'en sortent point qu'ils ne soient relevés par quelqu'un au-dessus d'eux. Le roi vient enfin : il faut bien qu'ils s'en aillent tous. Il demeure avec moi jusqu'à la messe. Remarquez que je suis encore en coiffure de nuit ; car si je m'étais habillée, je n'aurais pas eu le temps de faire ma prière. Le roi revient après la messe ; ensuite madame la duchesse de Bourgogne avec ses dames. Elles demeurent là pendant que je dîne. Je ne suis pas alors sans inquiétude, je suis en peine si madame la duchesse de Bourgogne ne dit ou ne fait rien de déplacé. Il faut que je l'engage à adresser quelques mots obligeants aux uns et aux autres. Je regarde si elle en use bien avec son mari quand il y est. Enfin, comme je suis chargée de l'élever, il me semble que je suis responsable de tout le mal qu'elle fait et de tout le bien qu'elle ne fait pas. Il faut soutenir la conversation qui se meurt à chaque instant, faire en sorte d'unir les esprits et de rapprocher les cœurs les plus éloignés ; s'il leur échappe quelque indiscrétion, je le sens vivement, je partage les peines de ceux qu'elle blesse ; et je plains ceux qui, de gaieté de cœur, nuisent à des gens qui leur sont inférieurs, mais qui, au bout du compte, sont des hommes comme eux. Enfin c'est une tension d'esprit que rien n'égale. Tout ce cercle est autour de moi et je ne puis demander à boire. Je leur dis quelquefois en me détournant : « C'est bien de l'honneur, mais je voudrais bien un laquais. » Sur cela tous s'empressent à vouloir me servir et tous sont fâchés d'être refusés, ce qui m'est une autre sorte de tourment. Enfin ils vont tous dîner et je serais libre, pendant ce temps, si monseigneur (le Dauphin) ne le prenait ordinairement pour me venir voir, car il dîne souvent plus tôt pour aller à la chasse. Il est fort difficile à entretenir, en disant peu de chose et s'ennuyant toujours. Il faut nécessairement, comme on dit, que je paie de ma personne et que je parle seule pour deux. Aussitôt après le dîner du roi, il entre dans ma chambre avec toute la famille royale, princes et princesses, et il s'y amuse une demi-heure. Puis il sort tout seul, tout le reste demeure. Et il faut encore que je me prête à la conversation la plus gaie, la tête pleine de chagrins et d'inquiétude sur tout ce qui se passe à l'armée, où tant de gens dont les uns sont mes amis, les autres attachés à mes amis et qui me sont tous très-chers, parce qu'ils sont sujets du roi, périssent tantôt dans un siége, tantôt dans une bataille. Ajoutez une grande quantité de méchantes nouvelles qui tous les jours me serrent le cœur, et m'accablent d'un fardeau qui pèse excessivement à ma sensibilité. Il faut que mes yeux soient sereins quand ils sont prêts à se charger de pleurs. Il faut un air riant au milieu de tant de nouvelles affligeantes. Quand cette assemblée se sépare, quelques dames ont toujours du particulier à me dire, et me prennent dans ma petite chambre pour me conter leurs chagrins et leurs peines. Elles veulent que j'y prenne autant d'intérêt que j'en prends aux malheurs de l'État. Ceux qui ne m'aiment pas me font leur confidente comme ceux qui m'aiment. Il faut que je les écoute et que je parle d'affaires particulières à chacun, presque accablée du poids des affaires générales; madame la duchesse de Bourgogne veut aussi très-souvent des tête-à-tête. De sorte que je deviens l'attente et la ressource de toute la cour. Tous veulent que tout passe par moi. Ma condition ne se montre jamais à moi par ce qu'elle a d'éclatant, mais par ce qu'elle a de pénible.

« — Une autre, lui dis-je, en serait enchantée, éblouie.

« — Ah! bien loin d'en être éblouie, reprit-elle, je ne puis me regarder que comme un instrument dont

Dieu daigne se servir pour faire quelque bien, pour unir nos princes, pour soulager les malheureux, pour délasser le roi des soins du gouvernement. Dieu saura bien briser cet instrument quand il le jugera inutile et je n'aurai point de regret.

« Madame (1) continua en ces termes : Je pense quelquefois à la haine naturelle que j'ai pour la cour. Cependant il m'est démontré que Dieu m'y destinait, puisque c'est lui qui m'y a enchaînée, et je vois avec reconnaissance qu'il m'y voulait sauver, en me faisant un devoir des contradictions les plus sensibles à mon amour-propre. Madame de Montespan, au contraire, aimait fort la cour et cette vie que l'on y mène, qui n'est que du bruit, mais que les gens éloignés prennent pour des sons très-mélodieux. Qu'a fait ce Dieu qui fait tout bien ? Il y attache celle qui la hait, et il en éloigne celle qui l'aime, apparemment pour les sauver toutes les deux.

« Mais poursuivons notre journée : Quand le roi est de retour de la chasse, il vient chez moi, on ferme la porte et personne n'entre plus. Il faut alors partager ses peines secrètes, qui ne sont pas en petit nombre.

« Arrive un ministre qui, avec empressement, apporte souvent de fort tristes nouvelles. Le roi l'écoute avec attention et se met à travailler, et si l'on ne veut point de moi dans ce conseil, ce qui arrive très-rarement, je me retire un peu plus loin et j'écris ou je prie. Je soupe pen-

(1) C'est ainsi qu'on avait coutume d'appeler madame de Maintenon à Saint-Cyr.

dant que le roi travaille encore. Je suis contrainte, comme vous le voyez, depuis six heures du matin. Le roi s'en aperçoit et me dit : — Vous n'en pouvez plus, Madame, n'est-ce pas? Couchez-vous. — Mes femmes viennent, mais je sens qu'elles gênent le roi qui causerait avec moi et qui ne veut point causer devant elles ; ou bien il y a encore quelques ministres et il a peur qu'elles n'entendent. De sorte que je me dépêche pour me déshabiller, souvent jusqu'à m'en trouver mal. Enfin me voilà dans mon lit ; je renvoie mes femmes ; le roi s'approche et demeure à mon chevet jusqu'à ce qu'il aille souper. Mais un quart d'heure avant le souper, M. le dauphin, M. le duc et madame la duchesse de Bourgogne entrent encore chez moi. A dix heures, à dix heures un quart, tout le monde sort. Alors je suis seule et je prends les soulagements dont j'ai besoin ; mais souvent les fatigues de la journée m'empêchent de dormir. — Or, dites-moi là le sort de Jeanne Brindelette d'Avon, n'est pas préférable au mien?

« — Je ne suis plus surprise, lui répondis-je, d'avoir ouï dire à quelqu'un que vous étiez une des plus malheureuses personnes du monde : — « Ces gens-là, dit-elle, savent *juger sainement de la grandeur. Avec la couronne sur la tête et le sceptre à la main, on est souvent plus infortuné qu'un homme qui a les fers aux pieds.* »

« Je vous dirai encore, ajouta-t-elle, qu'il est mille choses auxquelles nos princes ne pensent pas et auxquelles il faut que je supplée. Par exemple, la princesse des Ursins va retourner en Espagne; si je ne m'occupe d'elle, si je ne répare, par mes empressements, la froideur de madame la duchesse de Bourgogne, l'indifférence du roi, la sécheresse des autres princes, elle partira mécontente de notre cour, tandis qu'il convient qu'elle s'en loue et qu'elle en dise du bien en Espagne.

« Je lui demandai si elle n'était pas quelquefois impatientée de tant d'importunités. — Hélas, que trop, me répondit-elle. J'en ai quelquefois, comme on dit, jusqu'à la gorge. Mais il me faut demeurer où je suis. La Providence arrange tout cela, et je me console de paraître tellement dépendante de tout, en me disant que réellement je ne dépends que d'elle.

« — Je me dis souvent : Que serait ma vie si, avec toute cette faveur que je n'ai pu modérer, toute cette magnificence que je n'ai pu réduire à la simplicité, ces honneurs auxquels je ne puis me dérober, si, avec tout cela, je n'avais rien à souffrir ? — *Il est bon que les amertumes et les désagréments soient attachés à une place qui a tant de facilités pour corrompre les cœurs.*

« — Je lui dis là-dessus qu'il me semblait que sous cette conduite, le ciel faisait, non-seulement voir sa bonté, mais encore, si je l'osais dire, son adresse.

« — C'est fort bien dit, répondit madame, car il se sert en effet, pour me faire souffrir, de tout ce qui devrait m'amuser, et, pour épurer mon âme, de tout ce qui devrait naturellement la souiller et la perdre. Quand je me vois tout environnée de jeux et de plaisirs, est-ce là, me dis-je, la chambre d'une chrétienne ? On n'y respire que la joie ; mais je me console en pensant que si cela ne se passait pas chez moi, il y aurait ailleurs trente hommes avec toutes les femmes qui sont là ; — qu'il s'y dirait, qu'il s'y passerait peut-être des choses où la vertu serait offensée ; au lieu que chez moi il ne se passe rien qui blesse l'innocence. Je compte pour beaucoup de préserver toute cette jeunesse qui doit servir d'exemple au royaume, de la préserver, *par des amusements permis*, du plaisir dangereux qu'elle ne manquerait pas de chercher et de trouver ailleurs. »

III

LA PRÉSENCE DE DIEU EST, AU MILIEU DU MONDE LA CHOSE LA PLUS NATURELLE ET LA PLUS SURE.

« Madame la duchesse de Bourgogne vint à Saint-Cyr. Elle y cherchait madame de Maintenon. En la voyant chez elle, elle lui saute au cou et lui dit :

« — J'ai le cœur si gros que je n'en puis plus, ma chère tante. Je voudrais ne vous point importuner, et cependant je ne puis m'empêcher de vous chercher pour pleurer avec vous.

« Elle pleura beaucoup en effet. — Madame de Maintenon, qui l'aimait comme son enfant, pleura aussi amèrement avec elle et s'efforça ensuite de la consoler, se montrant également sensible et courageuse.

« Le lendemain je dis à madame de Maintenon : Vous me fîtes bien pitié hier, Madame, et je trouve qu'il n'est rien de si triste que d'avoir à partager, comme vous le faites, les chagrins de tout un royaume. C'est un grand supplice d'avoir tous vos ennuis et tous ceux des autres.

« Madame me montra de suite le verset de l'*Imitation* qu'elle lisait lorsque j'étais entrée : « Que ferais-je, « mon Dieu ! parmi tant d'afflictions qui me déchirent

« le cœur, si vous ne daigniez me fortifier par votre « parole. » Que ferais-je, en effet, dit-elle, si toute ma ressource n'était dans le souverain arbitre des événements? — Je me trouve presque sans cesse dans l'embarras, et toute la prudence humaine ne saurait m'en tirer. Cela m'arriva encore l'autre jour. Le roi venait d'apprendre une méchante nouvelle; il me la dit le soir, une demi-heure avant de me quitter. Madame la duchesse de Bourgogne, qui était présente, fut très-affligée. Je n'eus pas le temps de m'en attrister, car dans le même instant un homme vint me prier d'engager *le roi* à faire une chose que *le roi* ne devait pas faire du tout, et qu'il ne pouvait refuser sans mettre cet homme au désespoir et sans se faire une peine extrême à lui-même, parce que cet homme lui était utile. Je devais porter la parole au roi. Je prévoyais son embarras, et cela ne diminuait pas le mien. Un moment de lumière vint, et je pris un très-heureux parti.

« — Que vous êtes à plaindre, lui dis-je, de ne pouvoir consulter personne en ces occasions délicates!

« — J'ai, me répondit-elle, un fort honnête homme de très-bon esprit, qui me décide, de gros en gros, ce que je puis faire en sûreté de conscience et ce que je dois éviter pour ne point passer les bornes de mon état. Je m'en tiens à cette décision générale, *autrement je ne vivrais pas; et même en faisant le bien, je tremblerais toujours de faire le mal*. Mais cette décision générale ne prévoit pas les cas particuliers, ces cas où il faut prendre conseil au moment et où on ne peut le prendre que de soi-même, de sorte qu'il me reste toujours assez de pensées.

« — Il me semble, lui dis-je, que vous avez une grande ressource dans votre foi, qui vous donne cette liberté de recourir à Dieu comme un enfant à son père.

« — Il est vrai, dit-elle, et je crois qu'il est permis d'avoir avec Dieu ces épanchements de cœur, quand on sent qu'on est à lui véritablement, et je sens que je suis à lui. Je désire sa gloire ; je travaille à rendre mon âme plus pure ; *je m'occupe à lui donner ceux auxquels il m'a attachée.* Je n'ai plus de passions, grâce à sa bonté ! Mes affections me restent, mais elles lui sont soumises ; et avec le cœur le plus tendre, je suis parvenue à n'aimer personne, au point de ne vouloir rien faire qui pût blesser mon devoir. Je n'ai point de haines, point de vengeances, nulle avarice, nulle ambition. Je ne veux rien pour moi-même : c'est, ce me semble, le plus grand bien de la chose qui me détermine, plutôt qu'un sentiment particulier.

« — Vous êtes bien heureuse, Madame, lui dis-je, car des gens qui puissent se rendre ce témoignage, il y en a bien peu, et dans votre place, point.

« — Aussi, ma chère fille, reprit-elle, je ne cesse de bénir la main qui me soutient au milieu de tant d'abîmes ouverts sous mes pas ; car on peut bien dire que d'un côté, c'est un excès de grandeur et de prospérité très-propre à jeter dans l'ivresse ; et de l'autre, un excès d'embarras et de tristesse très-propre à jeter dans le découragement. J'ai sur les peines du roi et des princes, j'ai sur les malheurs de l'État un degré de sensibilité que Dieu seul connaît.

« — En cela, repris-je, vous êtes plus à plaindre qu'eux, car, pour l'ordinaire, les grands ne sont pas fort sensibles, et l'indolence de leur âme doit tourmenter les cœurs délicats.

« — Je vous l'ai dit plusieurs fois, répondit-elle, je ne suis pas grande, je suis seulement élevée. Dieu n'a pas voulu me donner l'éclat de la grandeur, de peur que je n'en eusse le vice. Il a fait tous les états, et en particulier le mien. Il veut que cet état me tienne lieu de toutes les pénitences et de toutes les austérités que je ne puis faire.

« *Ceux qui me l'envient ne savent pas que j'envie le leur*, et ne réfléchissent pas combien il est triste d'avoir sans cesse dans l'esprit *mille malheureux qui souffrent sous mes yeux et que je ne puis soulager*; une noblesse généreuse ruinée sans espérance; un peuple qui murmure toujours et aujourd'hui avec raison; *ce luxe qui, au milieu du délabrement des fortunes semble défier les rigueurs de la saison et les malheurs de la guerre; ces tables qui satisfont à peine les caprices de la gourmandise la plus raffinée, tous ces vices enfin qui consacrent sous le nom de bel air, le goût d'un peuple qui devrait gémir au pied des autels* (1).... Qui sait si Dieu s'accommode des calculs

(1) Que de motifs, en effet, d'effrayer et d'attrister les femmes du monde.

de la prudence humaine et si la politique ne doit pas se taire quand l'intérêt de la vérité parle? Tout cela m'agite à un point inconcevable. Qui m'assurera que le roi ne répondra pas de tout? Il me prend des frayeurs extrêmes sur son salut, quand je pense à tous ses devoirs, car enfin il est obligé de faire tout le bien possible; et il rendra compte à Dieu de tout le mal qu'il aurait pu empêcher.... En vérité, la tête est quelquefois prête à me tourner, et si l'on ouvrait mon corps après ma mort, on trouverait mon cœur sec et tors comme celui de M. de Louvois. Je ne vous peins pas mes peines pour vous affliger, mes filles, mais pour vous affermir dans votre goût pour la retraite. Comprenez-en la douceur, la paix, la sûreté.

« Puis, entrant dans son cabinet pour prier Dieu, elle dit: Je ne sais pourquoi on se prend à la prière de toutes les maladies que j'ai, comme si mon âge et mes contrariétés ne suffisaient pas! Je trouve que rien ne fait plus de bien, rien ne fortifie et ne délasse plus mon cœur affaibli et mon esprit fatigué. *La présence de Dieu*, cet acte de religion si peu connu dans le monde, *me semble la chose la plus naturelle*. Tout nous y rappelle sans cesse: les sujets de tristesse pour nous consoler avec lui, ceux de joie pour l'en remercier, les louanges pour ne pas y succomber, les prospérités pour être préservés de la vanité, les contradictions pour en faire un bon usage. Enfin, je trouve qu'à toute heure, à tout moment nous avons des occasions de remonter jusqu'à Dieu, et d'avoir avec lui ce saint commerce qui adoucit toujours les amertumes dont la vie est semée et qui nous préserve de toutes les chutes où nous sommes exposés. Je ne suis pas surprise que les gens du monde se moquent de cette morale. S'ils savaient ce que c'est que Dieu ! »

IV

DES AVANTAGES DE LA PIÉTÉ.

« Je suis naturellement susceptible de tristesse. Je venais de voir mourir entre mes bras ma meilleure amie. J'étais plongée dans l'affliction, quoique sûre que mon amie était morte de la mort des justes, après avoir vécu comme eux... Madame veut me consoler et me dit:

« Je vais vous répéter, ma chère fille, ce que j'écrivais tout à l'heure à une femme de la cour: « Vous serez « la plus malheureuse personne du monde, si vous ne « vous jetez tout entière du côté de Dieu. » En effet, cette vie est remplie de misères: tout ce qu'on y voit n'est que tristesse et ennui. J'en excepte pourtant la retraite, car, en vérité, on y est bien heureux. En quittant le monde, on quitte une maison qui tombe en ruine et qui accable de ses débris ceux qui s'y logent. Ne croyez pas qu'on puisse être vertueux sans souffrir. Il faut compter sur des peines et sur des privations de toute espèce. *Elles sont l'apanage de la vie humaine et le gage de la vie éternelle.* En quelque état que l'on soit, on est à plaindre de ne pas souffrir. Mais il faut profiter de ses souffrances pour aller à Dieu. Il est si bon qu'il s'accommode de tout et de ceux mêmes qui sont conduits à lui par les malheurs les plus mérités.... Cette femme dont je vous parle est à la cour; elle est veuve et a peu de biens.

« Fort considérée autrefois, elle est aujourd'hui peu recherchée. Ses parents la dédaignent et courent après ceux qui peuvent leur être utiles. On lui dirait volontiers: Pourquoi vous tenez-vous là, car à la cour, — comme partout dans le monde, — la considération tombe toujours avec le crédit. Si cette femme avait de la piété, cette piété serait un sûr asile. Elle s'appliquerait aux bonnes œuvres; ce serait d'abord un travail, mais ce travail ne tarderait pas à devenir un plaisir. Ce qu'elle ferait d'abord par oisiveté, elle le ferait ensuite par goût, c'est ce à quoi je viens de l'exhorter.

« J'aime fort, ajouta-t-elle, le vœu de ce solitaire qui souhaitait de n'être pas une heure sans souffrir. Rien n'exerce plus l'âme, rien ne lui donne plus d'aptitude à goûter les plaisirs qui l'attendent dans un autre monde. Les saintes maximes de notre religion, les bons exemples nous encouragent, nous autres faibles, à porter aussi notre croix. J'ai été longtemps sans comprendre cette nécessité de la souffrance pour faire mon salut. Ce n'est pas que j'ignorasse sur quel fondement on l'appuyait. J'en entendais souvent parler, et j'en étais fort inquiète, parce qu'un retour sur moi-même m'avertissait que je ne souffrais rien. Tout le temps de ma jeunesse a été fort agréable; je n'avais nulle ambition, ni aucune de ces passions qui auraient pu troubler le penchant que j'avais à ce semblant de bonheur. Car, quoique j'aie éprouvé de la pauvreté et passé par des états bien différents de celui où vous me voyez, j'étais contente et heureuse; je ne connaissais ni le chagrin, ni l'ennui; j'étais libre. J'allais à l'hôtel d'Albret ou à celui de Richelieu, sûre d'y être bien reçue, et d'y trouver mes amis rassemblés, ou bien de les attirer chez moi en les faisant avertir que je ne sortirais pas.

« — Je crois, Madame, lui dis-je, que vous aviez déjà de la piété dès ce temps-là? — Hélas! guère, par malheur, dit-elle; j'avais un grand fonds de religion qui m'empêchait de faire aucun mal, qui m'éloignait de toute faiblesse, qui me faisait haïr tout ce qui pouvait m'attirer le mépris. Du reste, je ne pensais guère à Dieu. Et en réfléchissant sur ma vie, je remarque que les pas que j'ai faits vers la piété ont toujours été à mesure que ma fortune est devenue meilleure. — Tous les degrés de prospérité et de faveur ont été suivis de quelques progrès dans la vertu. On y est communément porté par les malheurs et les disgrâces; j'y ai été portée par les avantages de la fortune. Plus ils se sont augmentés et affermis, plus je me suis donnée à Dieu; et j'ai toujours reconnu, ce me semble, que tout ce qui m'était arrivé était son ouvrage, ne l'ayant point recherché, m'y étant tout au plus prêtée. On ne pourra jamais le croire, cependant rien n'est si vrai. Mais comme le ciel est admirable en tout ce qu'il fait, il a trouvé le secret, au milieu de toute cette pompe, et, pour ainsi dire, de cette incompréhensible élévation, que tous les châteaux en Espagne ne sauraient porter plus haut, il a trouvé, dis-je, le secret de me laisser ma sensibilité, qui me fait entrer dans les peines des autres, comme si c'étaient mes peines, et qui me fait une affliction de toutes les afflictions générales et particulières; ce qui, joint à une infinité d'autres désagréments, me rend ma place insupportable; sensibilité, ajoute-t-elle en riant, qu'il me laisse comme par malice.

« Puis reprenant un air sérieux, elle dit : Cependant ces pensées mêmes sont de nouvelles grâces de Dieu, dont je ne puis trop le remercier, quoiqu'elles me fassent trembler; car enfin, ce n'est pas sa coutume de nous sauver par les richesses, par les honneurs, mais par la privation des choses nécessaires, par l'écrasement de l'amour-propre, par les mépris, par les douleurs, par les calomnies, et je n'éprouve presque rien de tout cela, et quand je repasse ma vie, je trouve qu'il en a toujours été de même. Car, premièrement, dans mes tendres années, j'étais ce qu'on appelle une bonne enfant; tout le monde m'aimait; il n'y avait pas jusqu'aux domestiques de ma tante qui ne fussent charmés de moi; plus tard je fus mise dans des couvents; vous savez combien j'y étais chérie de mes maîtresses et de mes compagnes, toujours pour la même raison, parce que je ne songeais du matin au soir qu'à les servir et à les obliger.

« Lorsque je fus avec *ce pauvre estropié*, je me retrouvai dans le beau monde, où je fus recherchée et estimée. Les femmes m'aimaient parce que j'étais douce dans la société et que je m'occupais beaucoup plus des autres que de moi-même. Les hommes m'entouraient parce que j'avais de la beauté et des grâces, de la jeunesse. J'ai vu de tout, mais toujours de façon à me faire une réputation sans reproche. Le goût qu'on avait pour moi était une amitié générale, une amitié d'estime. Je ne voulais point être aimée en particulier de qui que ce fût : je voulais l'être de tout le monde ; faire prononcer mon nom avec admiration et avec respect, jouer un beau personnage, et surtout être approuvée par les gens de bien : c'était mon idole. J'en suis peut-être punie présentement par l'excès de ma faveur, comme si Dieu m'eût dit dans sa colère : Tu veux de la gloire et des louanges, eh bien ! tu en auras jusqu'à en être rassasiée. Quand je commençai à n'être plus aussi jeune, ces grands empressements que le monde avait pour moi diminuèrent un peu, mais en même temps commença ma faveur ; il n'y eut point d'intervalle. A peine le monde fit-il un vide autour de moi, que la cour le remplit. Je commençais à faire figure, et ma conduite, toujours au-dessus du soupçon, me conserva l'estime publique. Il n'est rien que je n'eusse été capable de tenter et de souffrir pour acquérir le nom de femme forte. Je me contrariais dans tous mes goûts ; mais cela me coûtait peu quand j'envisageais ces louanges et cette réputation qui devaient être les fruits de ma contrainte ; c'était là ma folie. Je ne me souciais point des richesses, j'étais élevée de cent piques au-dessus de l'intérêt ; je voulais de l'honneur. Ah ! dites-moi, ma fille, y a-t-il rien de plus opposé à la vraie vertu que cet orgueil dans lequel j'ai usé ma jeunesse? — C'est le péché de Lucifer et le plus sévèrement puni par ce Dieu jaloux qui se plaît à résister aux superbes. Enfin, pour achever ce que j'ai commencé, cette faveur si singulière en tout a toujours été en croissant, et la confiance que l'on a eue en moi a pris tous les jours de nouvelles racines. Les bonnes œuvres se sont présentées, je les ai saisies. J'ai contribué à l'établissement de Saint-Cyr, où je uis, ce me semble, comme partout ailleurs, respectée, chérie, écoutée. Voyez quelles chaînes de bonheur, et si, à en juger par les apparences, madame la duchesse de Chaulnes n'avait pas raison de dire : « *Jour de Dieu! l'heureuse femme!* »

« — Mais, Madame, lui dis-je, au milieu de tout cela vous avez eu tant de choses à souffrir?

« — Beaucoup; mais je ne laisse pas de craindre toujours de n'avoir pas assez souffert. Je vois cependant avec reconnaissance que Dieu m'a soutenue d'une manière surprenante dans toutes les périodes de ma vie, Sans son secours spécial, je n'aurais pu porter ma prospérité; j'avais bien porté mon adversité! adversité! répéta-t-elle en riant. Puis elle ajouta en se retirant : Sauvons-nous, ma fille, sauvons-nous. Il n'y a que cela de bon; croyez-en une personne qui a goûté de tout. »

Et moi, ma chère enfant, je termine par ce même conseil donné si simplement et si profond cependant, puisqu'il comprend tout ce qu'une femme peut et doit être. Sauvons-nous, c'est-à-dire, soyons ce que Dieu nous veut dans le monde : charitables, douces, bienveillantes, polies, aimables, bonnes filles, épouses vigilantes et dévouées, mères tendres et prudentes. — Voilà le bonheur pour tout ce qui vous entoure, voilà le salut pour vous et pour beaucoup d'autres âmes, qui apprendront à se sanctifier en reconnaissant dans votre propre conduite combien la vertu est aimable, combien le joug du Seigneur est un fardeau doux à porter!

QUATRIÈME PARTIE.

MOSAÏQUE.

Quelque effort que j'aie fait pour rendre aussi attrayants que possible les conseils que vous m'avez demandés, ils ne constituent pas moins, ma chère enfant, un ensemble de préceptes tellement graves et sérieux par eux-mêmes, qu'il m'a été impossible souvent, difficile toujours d'y mêler quelques-unes de ces anecdotes que l'on aime à votre âge, et qui jettent, pour charmer le récit ou donner de l'intérêt au fait en lui-même, comme un rayon de soleil sur la sévérité de l'ensemble.

Mais ces anecdotes, ces exemples pratiques, ces leçons vivantes que je n'ai pu faire entrer dans le tracé laborieux de mon livre, je veux les rassembler au hasard dans ces dernières pages, afin qu'ils reposent votre pensée du ton un peu dogmatique qu'a dû prendre malgré moi ma plume, et qu'ils vous fassent comprendre surtout le but, le résultat que je me suis proposé en cherchant à vous aider à devenir une femme bien élevée. Je vous les offrirai sans ordre apparent, telles que ces fleurs brillantes que la nature fait éclore dans les champs au gré d'un apparent caprice, afin que, par le contraste qu'elles présentent, elles frappent plus vivement le regard et empruntent les unes aux autres un nouveau prestige, un double éclat.

Cette *mosaïque* sera donc le complément de mon travail ; elle en résumera toute la pensée, et sa variété même, son manque de classement, vous diront comment ce n'est pas dans l'ordre d'un enseignement didactique, mais au fur et à mesure de la vie elle-même que doivent s'appliquer les leçons de savoir-vivre que j'ai cherché à graver dans votre âme. La vie, le monde, le cœur humain, sont des livres ouverts dans lesquels un esprit sage et observateur lit sans cesse ; mais dont les feuillets ne se tournent pas un à un. Le vent des passions, le caprice du moment, le malheur, l'espoir, en ferment et en ouvrent si brusquement les pages, qu'elles passent devant nos regards éblouis, comme les tableaux mouvants d'un vaste panorama. L'esprit souvent doit les deviner avant que l'œil n'ait le temps de les parcourir : et pour suivre leur effrayante variété sans avoir le vertige, il faut s'accoutumer à penser vite et à embrasser dans un rapide coup d'œil, les objets les plus divers.

Rien, dans les impressions de l'âme, dans les petits événements de la vie, ne peut être prévu : les accidents se croisent, les positions se succèdent, les émotions varient. Les mêmes circonstances, dans des conditions différentes, ne produiront plus les mêmes effets, ne feront plus naître les mêmes désirs, les mêmes craintes. L'intelligence, l'imagination, ont besoin de variété..... Pourquoi aurions-nous assujetti les souvenirs, les pensées qui vont suivre à un classement méthodique, puisque leur utilité se manifestera, au gré des circonstances, à votre insu souvent, et selon qu'il plaira à la Providence d'en réveiller tout à coup la mémoire dans votre cœur.

LA MANIÈRE D'OFFRIR DOUBLE LE PRIX D'UN BIENFAIT.

Pour *faire le bien*, il suffit souvent d'obéir à un premier mouvement de générosité, à un entraînement momentané de l'âme ; mais *savoir faire le bien* est le propre d'un cœur délicat et généreux. — Un présent offert avec brusquerie, sans ménagements pour l'amour-propre, peut blesser celui à qui il est destiné au lieu de lui plaire et de mériter sa reconnaissance. Il est donc nécessaire de s'accoutumer à obliger avec discernement et à réserver pour cette sorte d'occasion tout le tact dont on est doué.

Quelques exemples de délicatesse ingénieuse feront comprendre notre pensée.

Un des plus grands virtuoses des temps modernes, le célèbre Viatti, aimait la campagne avec passion ; l'aspect de la végétation, de la verdure et des fleurs le jetait dans les transports d'une joie indicible. Dans les dernières années de sa vie, le violoniste brûlait de faire l'acquisition d'une délicieuse villa, à une trentaine de lieues de Paris. Finir ses jours dans ce lieu charmant était son rêve le plus doux, le plus caressé ; mais la réalisation de ce rêve était impossible.

On demandait cinquante mille francs de la villa en

question, et Viatti avait si mal administré ses affaires, qu'après un long et fructueux exercice de sa profession, il se trouvait dans l'impossibilité de donner cette somme.

Napoléon aimait beaucoup le virtuose et l'accueillit avec plaisir. Il avait entendu parler de son goût passionné pour la vie champêtre, il connaissait ses projets et les difficultés de sa position. C'est par une plaisanterie assez originale que l'Empereur le mit en possession du joli domaine vers lequel s'élançait sa poétique imagination.

C'était le premier jour de l'année 1811. Viatti était venu présenter ses compliments à Napoléon. L'Empereur l'accueillit avec une bonté toute particulière, s'entretint longtemps avec lui; puis au moment où l'artiste se disposait à s'éloigner, il ajouta tout à coup :

— A propos, monsieur Viatti, j'ai vu l'autre jour votre nièce, elle est charmante, et je veux lui faire un cadeau de nouvelle année. Voici du chocolat délicieux ; veuillez prier mademoiselle votre nièce de l'accepter de ma part.

En disant ces mots, l'Empereur remit à Viatti un petit paquet qui avait la forme d'une bille de chocolat excessivement mince.

Arrivé chez lui, le violoniste dit en souriant à sa nièce :

— Ma bonne amie, voici le cadeau que te fait l'Empereur : c'est une bille de chocolat qu'il ma chargé de te remettre. Tu sais qu'il est parfois bizarre, original.....

Mais la jeune fille s'est hâtée de briser l'enveloppe, d'ouvrir le paquet, et tout commentaire de l'étrangeté du cadeau impérial est devenu inutile. Jugez de l'étonnement et de l'émotion de l'oncle et de la nièce ; la bille de chocolat, c'étaient... cinquante billets de banque soigneusement roulés. Juste la somme nécessaire à l'acquisition du joli domaine que Viatti brûlait de posséder.

UNE LEÇON DÉLICATE.

« Une jeune femme, qui a le malheur d'avoir un mari aveuglément abandonné au jeu, trouvait, l'an passé dans les habitudes du jour de l'an une manière ingénieuse et touchante de le ramener.

« Ce jeune et brillant gentilhomme, un des plus assidus du cercle de sa ville natale, s'était fait mettre à sec à Bade, et il espérait se rattraper cet hiver à son club ; mais il n'a pu trouver encore une carte favorable; si bien, ou pour mieux dire si mal, qu'il est en pleine voie de se ruiner.

« Profitant de l'approche du 1er janvier, la jeune femme commanda, chez un habile ouvrier, un portefeuille sur lequel elle fit enchâsser le portrait de ses deux enfants entouré d'une légende portant ces mots: « Souvenez-vous de nous. » La veille au soir, au moment où le joueur enfonçait convulsivement dans la poche de son gilet quelques billets de banque qui allaient encore sortir de la maison pour n'y plus rentrer, la jeune mère se leva, donna un baiser à ses deux enfants, et leur dit en les poussant dans les bras de son mari :

« — Allons! chers enfants, donnez les étrennes à votre père... Voyez donc, il n'a pas seulement un portefeuille pour serrer son argent.

« Les deux enfants tendirent alors au joueur le cadeau préparé par leur mère. Au premier coup d'œil qu'il jeta dessus, le jeune père de famille comprit la leçon. Il pressa sur son cœur ses deux enfants et la prévoyante jeune femme qui leur rendait un père; puis, saisissant le portefeuille, il le remplit de tout l'argent qui lui restait.

« — Je jure solennellement, s'écria-t-il, qu'à partir de ce jour il ne sortira plus rien de ce portefeuille que pour le bien de mes enfants et de ma maison.

« Il est probable qu'il tiendra parole, car il a envoyé sur-le-champ sa démission de membre du cercle où, victime d'une passion funeste, il dilapidait inconsidérément le bien de sa famille, et, rendu désormais à ces félicités du foyer domestique que rien ne peut remplacer au dehors, il trouve chaque jour des motifs plus puissants de maintenir ses bonnes résolutions, doublement encouragé par la paix de sa conscience et par la joie si franche que font éclater autour de lui une femme heureuse d'avoir retrouvé son époux, des enfants heureux d'avoir retrouvé leur père.

« De ce petit fait il ressort une leçon que nos lectrices feront bien de remarquer en passant. Un simple cadeau d'étrennes, choisi avec esprit, donné avec à-propos, a suffi pour déterminer une conversion bien utile et bien consolante; il est hors de doute que dans les familles on obtiendrait souvent de ces heureux retours, si l'on s'appliquait davantage à donner aux présents que l'on échange à différentes époques de l'année une signification morale, provoquant chez ceux qui les reçoivent des pensées salutaires plutôt que de simples satisfactions d'enfantillage ou de vanité; » si, en un mot, le cœur et l'intelligence se mettaient de moitié pour remplacer la vanité, l'ostentation et trop souvent l'habitude.

LE SECRET EST LA DÉLICATESSE DE LA BIENFAISANCE.

Ces jours passés, une heureuse mère réunissait quelques amies pour fêter l'anniversaire des quinze ans de sa fille; elle lui avait fait présent d'une charmante toilette et y avait ajouté une pièce d'or pour lui laisser le plaisir de choisir elle-même sa coiffure. Pour une fille de quinze ans, élevée loin du monde, une semblable réunion était un véritable événement; toute préoccupée de sa parure, Marie avait composé dans sa pensée les plus ravissantes coiffures et employé en projets de dix façons différentes le petit trésor que la tendresse de sa mère lui permettait d'y consacrer, sans négliger cependant ses études; loin de là, jamais elle n'avait travaillé avec plus de zèle, et ses bonnes maîtresses étaient toutes fières de cette ardeur qui leur prouvait que leur chère élève avait bien saisi la portée de leur pieux enseignement, puisqu'elle comprenait si bien la meilleure manière dont on peut exprimer sa reconnaissance et son affection à de bons parents et reconnaître leur bonté. L'avant-veille du jour de sortie, et après s'être décidée pour une guirlande de roses blanches mêlées de bruyère rose, la jeune fille s'approcha, pendant la récréation, d'une de ses respectables institutrices et, glissant son bras sous le sien avec une respectueuse familiarité :

— Ma mère, lui dit-elle avec une charmante hésitation, si vous le vouliez vous me rendriez bien heureuse ! Voilà longtemps que mon vieux professeur d'anglais est malade, et ce matin l'ami qui le remplace nous a donné à entendre qu'il n'était pas heureux. Si vous le permettiez, en lui envoyant demain ma composition, j'y glisserais ma pièce de vingt francs.

— Et votre coiffure ?

— Oh ! ma mère, qu'est-ce que quelques fleurs et un petit succès de vanité auprès de la joie d'être utile à un homme respectable et auquel je dois tant de reconnaissance !

— Avez-vous bien réfléchi ; n'aurez-vous pas de regrets ?

— Peut-on jamais regretter de faire un peu de bien ? Vous le permettez, n'est-ce pas, ma mère, ah ! que vous êtes bonne... mais surtout n'en parlez à personne, j'aurais voulu ne pas vous le dire à vous-même ; mais si je sais qu'une bonne action ne doit pas avoir d'autres témoins que Dieu, je sais aussi qu'une jeune fille ne doit, dans aucun cas, disposer de ce qui lui appartient sans le consentement de ses parents et de ses maîtresses, et j'ai dû vous consulter.....

La digne religieuse embrassa la charmante jeune fille et la quitta, des larmes dans les yeux et la joie au cœur. Le lendemain, ni les compagnes de Marie ni la maîtresse qui assistait aux leçons ne surprirent le secret de la pièce de vingt francs mise en cachette sous le même pli que la composition d'anglais que le vieux professeur, quoique alité, se faisait régulièrement apporter pour la corriger lui-même. Et le jour de la fête de famille, Marie, avec un simple nœud de velours dans ses beaux cheveux blonds, n'en fut pas moins la reine de la joyeuse réunion.

— Et ta guirlande de roses? lui demanda une de ses amies.

— C'est un secret de coquetterie, elle me vieillissait, répondit la jeune fille en riant; et nul ne soupçonna le charmant emploi de la pièce de vingt francs; l'heureuse mère elle-même, mise au courant de la bonne action de sa fille, voulut avoir l'air de l'ignorer et ne fit aucune question. Elle se garda surtout de lui gâter son plaisir en remplaçant la parure si joyeusement sacrifiée. Mais après la soirée, elle détacha elle-même le nœud de velours qu'elle conserve comme un de ses plus précieux souvenirs. Certes, jamais visage plus pur et plus gracieux n'eût brillé sous une couronne de roses blanches, emblème de la candeur; mais il est une parure qui lui convenait mieux encore : l'expression de douce et angélique joie que lui donnait la pensée du bon emploi de ses vingt francs.

DE L'APOSTOLAT DE LA FEMME.

Ce n'est pas assez pour la jeune fille, pour la femme chrétienne, de faire jouir la famille et la société, dont elle est l'ornement et la gloire, de ses vertus, de son instruction, de sa parfaite politesse; ce n'est pas assez pour elle d'être juste, bonne et douce pour ses inférieurs; elle leur doit, outre la bienveillance et les bons exemples, le bienfait inestimable de l'instruction et des bons conseils. C'est là la plus précieuse des prérogatives, celle dont, au jour des célestes récompenses, lui tiendra compte surtout celui qui a dit: « L'homme ne vit pas seulement de pain, mais de toute parole qui sort de la bouche de Dieu. » — Oh! que cette parole de vie sorte souvent des lèvres de nos jeunes lectrices pour aller éclairer, consoler, améliorer le pauvre ignorant, et grâce à elles, cette régénération des masses si ardemment désirée sera assurée.

Qu'elles écoutent donc, qu'elles méditent et surtout qu'elles mettent à profit l'exemple que contient le simple récit que voici :

Dans le département de la Haute-Loire, M. de R... faisait exploiter une vaste propriété, et comme il logeait chez lui les nombreux ouvriers qu'il employait, il les occupait durant les longues veillées d'hiver aux différents travaux en usage dans nos compagnes.

Mademoiselle de R...., aujourd'hui madame de B..... avait alors quinze ans. Ayant eu occasion de passer devant la grange où les travailleurs étaient réunis, la jeune fille entendit un soir une conversation qui lui révéla l'ignorance religieuse et l'impiété de ces pauvres gens.

Son cœur éminemment chrétien conçut dès lors le projet de ramener à Dieu toutes ces âmes égarées. Ses parents consentiraient-ils à sa pieuse entreprise? Elle compta sur Dieu seul pour obtenir leur autorisation ; le secours de Dieu ne lui fit pas défaut.

Tous les soirs on se réunissait, on jouait dans le salon brillamment éclairé, à la flamme pétillante de la grande cheminée ; mademoiselle de R... s'éloigne sans regret de tout plaisir, et seule au milieu de ses grossiers auditeurs, à la clarté d'une lampe fumeuse, sous un abri impuissant à arrêter l'âpreté du vent et du froid, elle passe de longues heures à leur parler de ce Dieu qu'ils ne connaissaient pas, et devant lequel elle leur prouve qu'elle, la riche héritière, et eux, les pauvres ouvriers, sont égaux. Elle explique, elle commente le catéchisme, elle répond à toutes leurs objections, elle lève leurs doutes, elle leur apprend à prier, et lorsque vient la grande fête de la naissance du Sauveur, tous sont convaincus, tous se pressent autour d'elle à la table sainte. Quel succès ! quel triomphe !

L'aimable et pieuse jeune fille était présente lorsque sa mère nous donnait ces intéressants détails ; malgré sa modestie, je voyais briller sur ses traits, comme un doux reflet du jour de bonheur que lui rappelait ce récit.

Mais ce n'est pas seulement la femme riche ou placée dans une position indépendante qui peut employer ainsi son heureuse influence. Dans les rangs les plus pauvres de la société, la vertu peut et doit exercer le plus puissant ascendant, peut produire de véritables merveilles.

Écoutez à l'appui de cette vérité le récit suivant :

« Une jeune fille du patronage de Grenelle, à peine âgée de quinze ans, avait, il y a quelques mois seulement, l'idée de réunir à l'heure des repas et de la récréation de l'atelier où elle travaille, ses compagnes, parmi lesquelles la dissipation et la grossièreté de quelques-unes amenaient les faits les plus regrettables. Aidée d'une autre jeune fille de treize ans, qu'elle s'est associée comme sous-maîtresse, elle a formé une école divisée en deux classes. Dans la petite, on lit, on compte, on écrit en gros. Dans la grande, on copie, on écrit la grammaire et l'histoire. Entre chaque exercice on chante des cantiques, et le bien-faire est récompensé par des bons points.

« Puis, au son de la cloche de la fabrique, la petite maîtresse donne le signal du départ, fait ranger les cahiers et les livres, dit la prière; et au chant du patronage (*Dimanche, sois loué*), chacune gagne, en bon ordre, la place qu'elle occupe dans l'atelier.

« Mais ce n'est pas sans difficultés que la jeune ouvrière a pu réussir à mener à bonne fin sa pieuse entreprise.

« D'abord quelques mauvais sujets de la fabrique sont

venus renverser les encriers, déchirer les cahiers, mettre tout en désordre !

« Mais le directeur, qui a su comprendre la pensée de l'enfant, et qui avait mis à sa disposition une petite salle attenante à l'atelier, sut aussi donner des ordres afin que la classe ne fût pas troublée.

« Cependant, dans un jour de faiblesse (et qui n'en a pas?) la sous-maîtresse, entraînée par quelques mutins, se livre à la dissipation et, en se balançant sur une planche qui servait de table, la brise; et le directeur, mécontent des dégâts, donne l'ordre de fermer la classe.

« Mais notre *fondatrice* ne se découragea pas; préparant des livres et des cahiers, elle déclare gravement que la classe, interrompue pour quelque temps, reprendra bientôt.

« En effet, la classe s'est rouverte. La sous-maîtresse est rentrée dans l'ordre et dans ses fonctions. Quelques élèves turbulentes ont été rayées, et aujourd'hui tout se passe si bien qu'on a déjà donné des récompenses. — Et en ce moment les plus savantes apprennent un dialogue pour le jour solennel de la distribution des prix.

« Par suite de ces faits et de quelques autres, une ouvrière des plus dangereuses a quitté la fabrique, tandis que quelques filles pieuses y sont entrées; une des plus dévouées au patronage, entre autres, travaille à la journée chez la femme du directeur. — Cette jeune fille ne manque aucune occasion de témoigner son zèle aux petites ouvrières, en leur donnant un bon conseil ou un encouragement, et elle exerce sur elles une surveillance toute maternelle.

« Enfin, grâce à sa douce influence jointe à celle de l'école, cet atelier, qui était un des plus mauvais de Grenelle, au point qu'on hésitait au patronage à en recevoir les jeunes filles, est aujourd'hui un des meilleurs. Il est devenu presque bon, et nous fait admirer combien les œuvres de Dieu sont grandes, même lorsqu'elles paraissent le plus petites.

VANITÉ ET ÉGOÏSME.

Mais si dans l'humble classe des travailleurs la femme qui comprend ses devoirs et s'y dévoue s'élève, si haut devant Dieu et rend des services si réels, bien que trop souvent méconnus, à la famille et à la société, que de dangers entourent ces pauvres jeunes filles livrées à elles-mêmes et à cette fatale ambition de coquetterie et de bien-être, qui a remplacé dans la plupart des cœurs villageois le pieux contentement qui les remplissait jadis, au temps où la foi religieuse régnait en souveraine dans la plupart des provinces de notre France.

L'exemple que je vais vous donner, mon enfant, ne s'adresse ni à vous, ni à vos amies, mais il n'en est pas moins bon à méditer par elles et par vous, ne fût-ce que pour vous faire comprendre l'importance de votre apostolat de femmes chrétiennes, et vous prouver la nécessité des répandre autour de vous l'aumône de bons conseils.

L'aumône des bons conseils! ai-je dit, et quels conseils

directs valent une touchante histoire racontée à propos, sans commentaires inutiles : c'est l'aumône des bons exemples, la plus productive peut-être de toutes.

Écoutez donc l'histoire de Germaine, la pauvre villageoise et la pimpante soubrette, et redites-la dans tous les humbles foyers des campagnes où d'imprudentes jeunes filles rêvent Paris, ses toilettes et ses plaisirs. Le fait est vrai, non-seulement dans le fond, mais dans les plus petits détails. Je ne raconte pas, je me borne à copier textuellement (1) :

« Germaine était une simple fille des champs, qui vivait heureuse au village. Mais l'amour du gain lui vint un jour, elle partit pour Paris.

« — J'y ferai fortune, disait-elle.

« A l'amour de l'argent, se joignit bientôt celui de la toilette, les souliers vernis remplacèrent les sabots, le cotillon de toile fit place à la robe de jaconas, sous laquelle s'arrondissaient les cerceaux d'une cage, et le modeste béguin se changeait en un bonnet de dentelle enrubané ; ainsi pomponnée, elle se tournait et se retournait devant son miroir en se disant :

« — Je suis pourtant une jolie fille !

« C'était une grosse joufflue, sans taille ni tournure. Elle se fit photographier, tête nue et sans tablier, pour se donner des airs de demoiselle.

« C'est ainsi que mangeant ses gages à mesure qu'elle les gagnait, et souvent même par avance, elle se plaçait

(1) Extrait des *Faits et récits contemporains*, par Georges de Cadoudal, 1 vol. in-12. Prix : 1 fr. 25.

comme *bonne à tout faire* dans une honnête maison où, confiante en sa bonne foi, sa maîtresse lui abandonna les clefs du buffet et de la cave.

« Germaine, qui jusqu'alors n'avait vécu que de pommes de terre et de pain noir, devint gourmande. Son premier soin, en se levant, n'était plus de prier Dieu, mais de se faire une tasse de café, afin de se donner des forces pour attendre le déjeuner. Descendait-elle à la cave, se sentant l'estomac fatigué, elle avalait une gorgée du meilleur vin, et comme le vin ouvre l'appétit, elle remontait gaiement faire une légère collation, afin d'attendre avec plus de patience le prochain repas.

« Puis, préparant le dîner, elle goûtait et regoûtait à tous les plats, ne servant à ses maîtres que ce qu'elle avait bien voulu leur laisser. — Une cuisinière, disait-elle, doit connaître le goût des mets qu'elle apprête.

« La gourmandise amena bientôt la paresse et l'ennui! Germaine eut trop d'ouvrage. Après le rude labeur des champs, qui autrefois ne faisait que la disposer au sommeil, elle en était venue à ne plus pouvoir faire un lit ni frotter un appartement.

« Ce n'étaient plus que plaintes et récriminations : « On « nous traite ici comme des esclaves; toujours travailler, « jamais un moment à soi, jamais un petit plaisir; pas « une promenade, pas un pauvre spectacle, seulement. » Enfin, lasse de servir les autres, et voulant avoir sa pleine liberté, Germaine se maria. Elle fit même un bon mariage. Elle épousa un honnête garçon qui, après avoir fait un congé, comme remplaçant, avait un millier de francs d'économie. En dix années de service, Germaine n'avait mis de côté que 400 fr., qu'elle employa en frais de toilette et de ménage.

« Cependant, l'honnête garçon n'avait point d'état, et en attendant qu'il pût trouver à s'employer, il fallut manger le millier de francs. — La gêne ne tarda pas à arriver. Alors Germaine dut dire adieu à la toilette, aux promenades, aux bons repas. Il fallait payer son loyer, ses fournisseurs et blanchir son linge; et, comme en gaspillant le bien de ses maîtres, Germaine n'avait appris ni l'ordre ni l'économie, elle ne sut pas être économe pour son propre compte.

« La misère, avec toutes ses privations, lui ôta bientôt la santé. Son mari qui, heureusement pour elle, n'était ni paresseux ni ivrogne, se vendit de nouveau pour payer ses dettes. Mais à son retour, il ne trouva plus sa femme : Germaine était morte à l'hôpital, et comme elle n'avait jamais pensé qu'à elle-même, personne n'accompagna son corps à sa dernière demeure. *L'amour des richesses*, dit saint Paul, *est la racine de tous les maux.* »

Que de Germaines, hélas! et pis encore, parmi les jeunes filles, que chaque jour la vanité et l'amour du gain chassent du foyer de la famille!

DANGER ET RIDICULE DE LA FAUSSE SENSIBILITÉ.

Une jeune femme se piquait d'une exquise sensibilité, qu'elle manifestait surtout en faveur des animaux.

Elle était la protectrice de tous les chiens, de tous les chats, et de tous les oiseaux, même des mouches et des araignées. Un jour qu'elle écrivait avec beaucoup d'attention à son secrétaire, le conteur de cette anecdote, qui se trouvait auprès d'elle, fut fort étonné de la voir montrer une vive impatience d'être interrompue par une guêpe, dont le bourdonnement insupportable l'empêchait de suivre sa pensée. Poussée à bout, elle se lève, sonne avec humeur, et se remet à son secrétaire. Michel se présente et demande : « Que veut madame? » — « Que vous attrapiez cette guêpe qui m'incommode; surtout ne lui faites pas de mal. » Michel, qui était la simplicité même, s'empressa d'obéir. A l'aide d'une serviette, il eut bientôt abattu, enveloppé l'insecte, qu'il prit avec la plus grande précaution: le tenant toujours à la main, il s'approche de sa maîtresse et lui dit: « Qu'est-ce que madame veut que j'en fasse?

— Ouvrez la fenêtre et mettez-la dehors. » Cette fois il n'obéit qu'à demi, et pendant une ou deux minutes, il tint la fenêtre ouverte d'une main, et la guêpe de l'autre. « Pourquoi ne fermez-vous pas la fenêtre?

— Mais, Madame, regardez, il pleut si fort!

— C'est vrai; eh bien! mettez la guêpe dans l'antichambre. » Il lui importait peu que la guêpe incommodât ses gens, pourvu que la *pauvre bête* ne fût pas exposée à la pluie.

Prenez garde que l'humanité pour les animaux, certainement juste et louable en soi, ne vous entraîne dans un excès qui serait en même temps ridicule et odieux. La sensibilité qui n'est par réglée pas la raison, court grand risque de se méprendre et de s'égarer.

DE L'ENNUI. — UTILITÉ DES BONNES LECTURES.

Il semble que dans l'affliction, dans l'attente et dans l'isolement, le temps s'écoule si lentement que chaque heure devient un siècle, et cependant, malgré cette lenteur avec laquelle les minutes se succèdent, les semaines, les mois, les années s'enfuient si vite, qu'à peine pouvons-nous nous rendre compte de leur passage. D'où vient cette apparente contradiction qui existe entre nos impressions du moment et la réalité ? Pourquoi trouvons-nous la minute si lente à s'écouler, et la journée si vite passée si ce n'est que nous vivons en quelque sorte de deux existences; l'existence du cœur et celle de la pensée. Le cœur compte comme bien longs tous les instants marqués par la souffrance : la pensée, au contraire, dévore le temps et l'absorbe si vite qu'il ne lui suffit jamais.

Ces réflexions font comprendre l'origine et la source de l'ennui. Celui, en effet, qui voudrait vivre seulement par le cœur, c'est-à-dire par les sentiments, et qui, s'abandonnant à une dangereuse rêverie, ne chercherait point un refuge dans l'activité de l'intelligence ou dans un travail continuel, celui-là trouverait bien vite au fond de son âme la lassitude, l'ennui, l'amertume. Mais ce remède souverain contre l'ennui pour quiconque n'est point assujetti à un labeur manuel assez pénible pour absorber tout son être, le travail de l'esprit, nous présente, à côté du bien qu'il peut produire, le plus grand des dangers ; car, si Dieu dans son éternelle bonté a créé notre intelligence pour le connaître et le servir, le libre arbitre a placé en regard de cette magnifique destinée la possibilité de s'attacher au mal. Possesseurs de cette dangereuse faculté, nous devenons seuls maîtres de notre avenir, seuls maîtres de notre bonheur. L'esprit de l'homme est porté vers la suffisance et l'orgueil, qui engendre l'égoïsme, cette lèpre affreuse de l'âme, et, de même que le cœur livré à lui-même nous conduirait par une sensibilité exagérée à la fatigue et à l'ennui, ainsi, l'intelligence seule nous entraînerait dans un abîme plus profond encore. Il est donc essentiel de ne point séparer ces deux facultés, destinées dans l'homme à se compléter l'une l'autre. Il faut donc que le cœur, avec ses bons et généreux instincts, demeure toujours comme une sentinelle vigilante à la porte de l'esprit pour le tenir sans cesse en garde contre la vanité, et le ramener constamment à la source de tout amour, de toute charité. Il faut encore que l'intelligence soit fortifiée, nourrie, développée par une sage et prudente direction. Pour cela, et en dehors de l'influence divine de la religion et de la tendresse éclairée d'une mère, rien n'est plus important que les bonnes lectures.

OBÉIR EST PLUS FACILE QUE COMMANDER.

Obéir est plus facile que commander, disait la vieille

expérience de nos aïeules; et guidées par cette maxime, les jeunes filles se préparaient par la douceur, l'abnégation de la volonté, l'obéissance, en un mot, à la période de leur vie où, à leur tour, elles auraient la direction d'une famille, et alors même il se trouvait que cette habitude de soumission leur devenait plus utile que jamais. La vie de la femme, en effet, est une dépendance continuelle, dont l'obéissance exigée de la jeunesse n'est qu'une faible image; car quelle différence entre la douce autorité d'une tendre mère, d'une bonne maîtresse et les exigences impérieuses du monde! Dieu veuille que mes paroles en persuadent la pauvre Marthe, et lui fassent bien comprendre que, si elle ne s'accoutume par dès ses quatorze ans à assouplir sa volonté, elle se prépare un avenir de souffrance et de larmes. Comment plus tard pourra-t-elle se plier à ces concessions qui font le charme de la vie intérieure, qui assurent la prospérité et l'union de la famille, alors même que le caractère violent et opiniâtre d'un mari, d'un frère, n'en font pas l'élément indispensable de la paix? Une femme, a-t-on répété bien souvent, est presque toujours le seul arbitre de son bonheur; c'est sa douceur, sa condescendance qui le lui assurent, et non-seulement à elle, mais à ceux qui l'entourent. Or, où cette douceur et cette condescendance prendront-elles leur source, si ce n'est dans l'habitude de la soumission contractée dans la jeunesse, et qui a donné au caractère la souplesse, ou plutôt la force de faire toujours céder ses propres volontés aux désirs de ceux que nous aimons. Là, est le secret de l'influence heureuse que la femme exerce autour d'elle, et si la vertu céleste de l'obéissance est en quelque sorte la clef de voûte de la vie religieuse, que notre chère Marthe en soit convaincue, elle est la seule base du bonheur dans la vie de famille. Qu'elle ne croie pas que l'obéissance n'est bonne que pour les enfants ; c'est pour l'humanité entière que Dieu en a fait une nécessité et un bienfait. Sans elle la hiérarchie sociale serait rompue, le monde deviendrait un chaos, et l'homme perdrait ses plus belles prérogatives. Marthe voudrait être libre de toute gêne, indépendante de toute volonté qui ne serait pas la sienne. Pauvre enfant ! qu'elle regarde bien autour d'elle, et dans toutes les positions, elle ne trouvera que dépendance et sujétion. Prétendrait-elle donc faire exception à la destinée commune ?

J'ai connu une jeune femme, bonne, aimante, spirituelle, mariée à un homme plein d'honneur, de religion et de tendresse; la fortune les avait comblés de ses dons; rien, avouait-elle, ne manquait à son bonheur : et cependant je l'ai vue souvent baignée de larmes, maudire presque l'existence; c'est qu'orpheline dès son enfance, faible et maladive dans sa jeunesse, son éducation avait été à peu près abandonnée à la tendresse aveugle d'une grand'mère, que la crainte de voir couler ses larmes avait portée à ne jamais la contraindre en rien. Sa nature était tellement bonne que son cœur avait résisté à cette fatale condescendance; mais elle était devenue volontaire et opiniâtre, elle n'avait jamais appris à céder et la moindre contrariété l'irritait. Elle avait trop d'esprit et de bon sens pour ne pas apprécier son bonheur, mais elle ne savait pas en jouir. Après avoir, dans un premier mouvement, donné cours à un caprice, à une révolte de son esprit d'indépendance, elle était mécontente d'elle-même ; désolée, elle se reprochait de troubler par sa faute la bonne harmonie de son intérieur, elle prenait les plus belles résolutions ; mais lui arrivait-il une nouvelle contrariété, sa nature reprenait le dessus, et sa vie, qui eût pu être si calme, était une lutte continuelle. Que fût-il donc arrivé si, au lieu d'une existence facile et douce qui est presque toujours l'exception ici-bas, Dieu l'eût placée au milieu des épreuves du malheur? Que fût-il arrivé surtout si ces habitudes d'indépendance avaient porté en elles leur fruit ordinaire : l'égoïsme et la sécheresse du cœur? Mais je ne veux pas m'étendre plus longuement sur ce sujet, car avec son jugement et son esprit, notre chère Marthe, j'en suis sûre, a déjà compris pourquoi sa raideur de caractère afflige si vivement ceux qui s'intéressent à son bonheur ; elle sait qu'on l'aime, et que, peu avide d'autorité, si on l'afflige parfois en s'opposant à sa volonté et en la reprenant de ses défauts, on souffre plus qu'elle de la contrainte qu'on lui impose et qu'on n'a pour but que son bonheur présent et à venir. Elle n'oublie pas que nous avons accepté à son égard les devoirs d'une mère, et dans son cœur elle nous sait gré bien certainement de savoir les remplir. D'ailleurs la douceur, l'abnégation, l'obéissance de sa sœur aînée sont les meilleurs des exemples à lui proposer, et en voyant avec quelle modération elle fait usage de l'autorité que son père lui a confiée, avec quel empressement elle dépose ses pouvoirs de maîtresse de maison, pour se montrer fille obéissante et soumise, son cœur lui dira qu'elle doit, l'imitant en tout, se défaire bien vite de cet esprit d'indépendance et de susceptibilité, si malséant chez une jeune fille, et je l'entends répéter, avec la jeune femme dont je parlais tout à l'heure que *l'abnégation est la science par excellence.* Plus heureuse qu'elle, elle n'en aura pas fait la triste expérience !...

Mais si l'habitude de l'obéissance est une des conditions essentielles au bonheur de tous les âges, l'amour du travail est aussi une qualité obligatoire dans toutes les positions, car *savoir s'occuper* est un talisman précieux, non-seulement contre l'ennui, mais encore contre tous les dangers dont la vie est semée.

BIEN SAVOIR ET BIEN FAIRE.

Quelles que soient les dispositions fâcheuses dont nos cœurs puissent contenir les germes funestes, il n'est aucun défaut qui ne cède à l'heureuse et salutaire influence de l'éducation ; mais à cette condition expresse que la jeunesse vouera une affection sans bornes à ceux qui lui consacrent ainsi leur vie, et qu'elle aura dans leur dévouement la confiance la plus absolue. Cette affection et cette confiance ne tarderont pas à faire naître la docilité, et une fois cette docilité acquise, il n'est aucun prodige que l'éducation ne puisse opérer.

Dieu me garde de la prétention de vous susciter, à vous, si pieuse et si bonne, aucune pensée utile sur une question que vous comprenez et que vous mettez si bien en pratique; mais, parmi nos jeunes amies qui liront ces lignes, ne peut-il y en avoir qui se demandent parfois la nécessité de l'obéissance, l'importance de la docilité? C'est donc à elles que je veux montrer le rapport qui existe, d'une part, entre la docilité et l'affection, la confiance à accorder à une mère, à une institutrice, et, d'autre part, entre cette même docilité et l'éducation, ou, pour mieux parler, le bonheur de la vie tout entière.

Ce sont d'ailleurs des vérités qu'il est bon de méditer à tout âge et dans toute position, afin de les prendre pour règle invariable de conduite, lorsqu'on n'a pas encore à se féliciter de les avoir fidèlement mises en pratique.

« Tout le bonheur de la vie, continue le même au« teur, repose sur deux conditions essentielles : *Bien* « *savoir et bien faire.* » Ces deux conditions nous semblent résumer admirablement l'éducation et les résultats qu'elle doit produire. Prenons donc pour devise cette salutaire pensée, et gravons-la si bien dans notre cœur, que non-seulement elle soit toujours présente à nos yeux pour nous servir de guide et de soutien, mais encore afin que tous ceux qui vivent près de nous, la voient distinctement écrite dans chacun de nos actes.

Mais, pour atteindre ce but si désirable, souvenons-nous que la docilité, c'est-à-dire l'obéissance, est la seule route à suivre : l'obéissance, cette vertu que l'on recommande aux enfants et aux jeunes filles comme un devoir d'état, mais qui n'est pas moins nécessaire aux hommes, dans quelque position que les ait placés la Providence; cette vertu, en un mot, que le christianisme a glorifiée entre toutes, en la plaçant sur le même rang que l'humilité et la pauvreté, pour en faire une condition indispensable à la perfection.

De même que rien, ce semble, ne doive mieux réconcilier les pauvres avec la misère et la souffrance de leur position que la vue de ces sublimes disciples de Jésus-Christ qui se condamnent, pour mieux servir le divin maître, à une *pauvreté volontaire*, de même les jeunes intelligences qui, avides d'indépendance, voudraient rejeter la contrainte et la gêne que leur inspire la nécessité de la docilité, ne peuvent trouver de meilleurs motifs de s'y soumettre et de meilleures preuves de son utilité qu'en jetant un coup d'œil d'admiration sur ces âmes d'élite, renonçant chaque jour, en grand nombre, à leur volonté propre pour se vouer à une obéissance absolue.

Ainsi donc, amour, confiance, docilité, pour arriver sûrement à *bien savoir et à bien faire !* Le secret est bien simple, et cependant, que d'âmes inquiètes et troublées le rejettent loin d'elles pour chercher ailleurs ce bonheur qui leur échappe sans cesse.

A PROPOS D'UNE SONNETTE TIRÉE TROP FORT.

... J'en étais là de mes conseils lorsqu'un violent coup de sonnette m'a fait tressaillir. Je me suis levée moitié épouvantée, moitié mécontente, et j'ai été tout heureuse que cet impertinent appel ne me fût pas destiné. C'était une belle visiteuse, une grande dame, si j'en juge par la maison où elle allait, qui se trompait de porte. Je suis revenue tout émue encore reprendre la plume, et j'ai voulu vous conter ce petit incident, non pour vous mettre en garde contre ces manières dégagées de certaines femmes qui croient que la fortune et la position sociale autorisent tout, car je sais que votre bonne éducation vous met à l'abri de ces travers; mais parce que j'ai voulu saisir cette occasion de dire à celles de mes amies plus jeunes et plus étourdies, tout le prix et l'attrait de la discrétion et de la réserve. Rien ne me semble de plus mauvais ton que cette façon bruyante de s'annoncer; outre qu'elle témoigne d'une impatience impérieuse que doit soigneusement maîtriser toute femme bien élevée, elle indique un sans-façon que la plus grande intimité ne saurait autoriser. C'est à peine vraiment si un maître ou une maîtresse de maison, pressés de rentrer chez eux, peuvent se permettre de mettre ainsi en émoi toute une famille...

L'EXAGÉRATION DANS LE LANGAGE CONSTITUE-T-ELLE UNE FAUTE CONTRE LE BON TON ?

Une gracieuse et charmante jeune fille a voulu, dit-on,

me prendre pour juge, et voici, si je ne me trompe, comment on m'a posé la question de sa part : — Est-il bien vrai qu'un peu d'*animation* dans l'expression de la pensée renferme un certain danger et soit un défaut blâmable ? — Que Berthe me permette d'abord de redresser la question, mal posée, ce me semble. Le mot *animation* ici ne signifie nullement ce qu'elle veut dire, et, en rétablissant les lettres qui, à son insu sans doute, se sont mal présentées sous sa plume, je trouve *exagération*, et je suis bien sûre que c'est comme cela qu'il faut lire. Défiez-vous, chère enfant, de cette fâcheuse tendance; défiez-vous-en, en raison même de votre esprit si gracieux et si prompt, car plus l'imagination est vive et brillante, plus ce défaut est à redouter. Ce qui le prouve, c'est que les méridionaux y sont plus enclins que les autres peuples. De là la réputation des habitants de la Gascogne.

L'exagération est d'ailleurs une faute contre la vérité, contre la politesse, contre la langue.

Contre la vérité, parce qu'elle grossit les choses et leur donne une portée et une importance qu'elles n'ont pas en réalité.

Contre la politesse, en ce sens qu'elle tend à induire en erreur les personnes présentes et qu'elle les expose en outre à laisser percer leur incrédulité, ou à simuler une confiance qui n'est pas dans leur cœur.

Contre le langage, enfin, parce qu'en employant les mots avec exagération, on déplace le sens réel pour leur en donner un fictif. Ainsi, si pour une légère piguère vous prétendez vous être fait un mal *horrible*, assurément le mot *horrible* est trop fort et bien éloigné de sa véritable signification.

Si vous déclarez *affreuse* une personne dont le visage n'est pas d'une rare beauté, mais qui n'a rien cependant de difforme et de repoussant, l'épithète est employée hors de sa valeur, et l'objet qu'elle qualifie est mal nommé. Comment désigneriez-vous ensuite une chose réellement affreuse?

Si, en faisant vos excuses au sujet d'une misère, vous vous dites *au désespoir, dans la désolation,* quels mots emploierez-vous dans une circonstance très-grave, et de quel droit exigerez-vous alors que l'on prenne au pied de la lettre les protestations dont vous aurez affaibli vous-même la portée? Tandis que si, dans les circonstances légères, vous vous êtes montrée simplement *contrariée, peinée;* vous avez témoigné du *regret* et non du *désespoir,* vous aurez été vraie alors, et maintenant il vous restera un moyen d'exprimer des sentiments plus vifs et plus profonds.

N'aimez rien à l'*adoration*, n'ayez pas non plus de l'*horreur* pour des bagatelles qui méritent tout au plus un sentiment d'éloignement. Ne jurez ni par votre *honneur*, ni par aucune autre chose; et ici ce n'est pas seulement une règle de bon ton sur laquelle je m'appuie, c'est un des commandements de Dieu. Dites une chose simplement en affirmant qu'elle est vraie, et si vous n'avez jamais donné lieu de douter de votre véracité, cette assurance suffira. Si, au contraire, vous êtes connue pour aimer à mentir, horrible défaut, soit dit en passant, et sans que l'épithète soit trop forte, — vos serments ne feront qu'ajouter à l'incrédulité qui accueillera vos paroles; « car on a remarqué que nul ne parle autant d'*honneur* que le filou, ne prodigue tant de serments que le menteur, ne répète aussi souvent *sans me vanter* que l'orgueilleux, et *sans exagération* que les exaltés. »

ENTÊTEMENT. — CURIOSITÉ.

« Nous devons toujours craindre, quand la jeunesse arrive, ces travers à double visage, pour ainsi dire, qui représentent d'un côté quelque chose de semblable à une qualité, tandis que l'autre face a les traits d'un défaut véritable, C'est ainsi que la curiosité, blâmable lorsqu'elle est synonyme d'indiscrétion, surprend et mérite l'éloge lorsqu'elle veut dire recherche active et pénétrante de la vérité. De même il y a, entendons-nous dire souvent, des obstinations généreuses, et l'entêtement, appliqué à des fins honorables, devient de la persévérance, de la force de volonté. A notre avis, cette modification apportée à la valeur des mots est un tort grave; il ne peut être que dangereux d'appeler *curiosité* la passion du vrai, et *entêtement* la persistance de la volonté. Avec ce vain cliquetis de paroles, on perd la trace des idées justes, on confond ce qu'il convient de séparer!

« L'entêtement, pour nous, sera donc un défaut sérieux et non pas une qualité détournée de sa route. Il restera *force d'inertie*, stérile force qui n'empêche que le bien, qui ne laisse passer que le mal... qu'est-ce que s'entêter dans une entreprise, dans une résistance? C'est suivre l'impulsion d'un orgueil aveugle, qui se croit plus habile, plus instruit, plus raisonnable que tous les autres réunis. L'opiniâtreté ne cherche pas à se convaincre, mais elle est bien décidée à ne pas se laisser convaincre non plus; c'est un roc sur lequel s'élèvent et se consolident d'autres défauts, tels que la désobéissance et la paresse. C'est ainsi que les tristes conséquences de ce défaut ne se bornent pas à assombrir et à gâter le présent; elles compromettent l'avenir tout entier.

Que de fois n'arrive-t-il pas en effet que la vanité et une tendresse exagérée nous venant en aide, nous nous fassions illusion sur nos défauts au point de les transformer en vertus? Si le danger est réel, la pente est glissante et facile; que de remercîments ne devons-nous pas aux amis véritables et sincères qui nous aident à nous connaître nous-mêmes? Pénétrons-nous donc de la vérité du proverbe: Les diamants ont leur prix, mais les bons amis n'en ont pas. Sachons bien, quoique ce soit un talent aussi rare que précieux, profiter de l'expérience d'autrui.

UN MOT SUR L'ÉGOÏSME.

« L'égoïsme se trahit de mille manières. Élise se

plaint à Lucile d'avoir une fièvre horrible avec de vives douleurs. — C'est comme moi, interrompt vivement Lucile, il y a huit jours j'ai eu une migraine effroyable, j'en suis encore fatiguée; cela venait de..., etc..., etc..., — et là-dessus, elle raconte la plus longue, la plus ennuyeuse histoire d'un mal qui n'est plus, tandis que la personne *sérieusement* et *actuellement* malade n'obtient ni une question, ni une marque d'intérêt.

« Rien de plus commun que de voir les égoïstes détourner l'attention d'une conversation générale et pleine d'intérêt, pour fixer cette attention sur ce qui leur est personnel. Un bon cœur n'aura jamais un semblable travers. C'est en s'oubliant soi-même, et en s'occupant des autres qu'on est aimable et qu'on est aimé. L'affection marche sur les traces de la bonté, tandis que le mépris et l'indifférence sont le partage de l'égoïste. »

LA FAUSSE DOUCEUR.

« Il y a des personnes qui n'ont de douceur que juste ce qu'il en faut pour pousser à bout les gens qui, sans en manquer eux-mêmes, ont aussi beaucoup de franchise et de vivacité. Mais si la douceur est presque toujours fausse quand elle n'apaise pas, qu'est-elle donc lorsqu'elle aigrit?

« On peut avoir de la bonté sans douceur; il est impossible d'avoir une véritable douceur sans une grande bonté. L'orgueil exclut toujours la douceur: il est trop pointilleux, trop irritable pour pouvoir s'allier avec l'indulgence. »

BONTÉ. — BONHOMIE.

« On confond souvent, dans le monde, la bonté et la bonhomie. La bonté est une qualité du cœur; la bonhomie consiste dans une facilité de mœurs qui rend un commerce acceptable, mais qui peut s'allier avec tous les vices et n'a rien de commun avec la vertu. — Dire d'un homme qu'il a de la bonté, c'est faire son éloge et indiquer que son amitié peut et doit être recherchée; dire qu'il a de la bonhomie, c'est à peine indiquer que des relations momentanées avec lui auront quelque charme. »

LE QUESTIONNEUR.

« Il n'y a pas dans le monde de caractère plus importun et souvent plus impertinent que celui du *questionneur*, et malheureusement il est très-commun. Le questionneur d'habitude manque ordinairement d'esprit, il manque toujours de tact. Sa manière de montrer de l'intérêt et de la bienveillance est un interrogatoire; il croit vous obliger beaucoup en vous faisant mille questions embarrassantes; si vous éludez de répondre, il vous presse, vous poursuit, vous force de mentir. Un mot ne lui suffit pas, il veut des explications, des détails; en vain vous essayerez de changer de conversation, il ne le souffrira pas. La fuite seule peut vous soustraire à cette espèce d'inquisition; encore est-il capable de courir après vous, de vous barrer le chemin, de vous arrêter, de vous demander tout haut s'il n'a pas fait quelques questions indiscrètes... tout cela avec une bonhomie parfaite ; car les questionneurs sont souvent les meilleures gens du monde ; et il semble alors qu'on aimerait mieux qu'ils fussent méchants, afin de les brusquer sans remords. »

DE L'AMOUR-PROPRE (1).

« Un philosophe moderne compare l'amour-propre à un ballon gonflé de vent ; malheur à qui y fait une piqûre. Ce rapprochement est plein de sens et d'exactitude ; aussi rien n'importe-t-il plus, dans le monde, que de connaître à fond toutes les nuances de l'amour-propre, car c'est toujours avec le sien qu'on pique celui des autres.

« Que de petites, que de grandes choses il inspire ! La Rochefoucauld n'a qu'à moitié tort quand il en fait le mobile de toutes nos actions. Que de tact, que de délicatesse pour cacher, sinon pour vaincre le nôtre, et pour découvrir, afin de le ménager, celui de vos voisins ! Si de lui naissent tous les succès de salon, combien de chutes aussi, combien de haines n'occasionne-t-il pas ! Heureux l'homme du monde, a dit je ne sais plus quel écrivain du siècle dernier, s'il pouvait, à son gré, déposer l'amour-propre à la porte d'un salon, comme il fait de son épée à la porte du spectacle !

(1) Ce tableau malheureusement trop vrai des petitesses de l'amour-propre m'a semblé piquant et de nature à donner le désir d'éviter les ridicules qu'il présente, et à inspirer l'indulgence pour un travers si général, que les gens d'esprit et de cœur n'en sont pas eux-mêmes exempts.

« Tout le monde a de l'amour-propre : l'homme d'esprit le cache, le sot le montre ; voilà la différence. Écoutez le savant : il trouve plus d'esprit à relever les défauts que les beautés d'un livre ; laissez-le dire, surtout ne louez pas le pauvre auteur, vos éloges lui sembleraient un vol fait à sa propre gloire. Un poëte académicien a la manie contraire : il louera tout ce qui lui tombe sous la main, parce qu'il se croit lui-même au-dessus de toutes louanges et veut persuader que l'envie est étrangère à son cœur... Ne craignez pas d'être d'un autre avis que lui ; contrariez-le, vous lui ferez plaisir.

« Un élégant est allé le matin au bois pour y respirer, dit-il, l'air pur de la solitude ; mais il ajoute, d'un ton qu'il veut rendre mécontent : — « Tout Paris y était ! » C'est à peine s'il a pu traverser la foule pour aller, dans une allée écartée, faire connaissance avec son nouveau cheval... Ses regards cherchent à lire dans les vôtres si vous l'avez vu. Dites-lui qu'il avait bon air, il va être l'homme le plus heureux des quatre parties du monde et de la Polynésie.

« Un autre, tout Paris le connaît, est moins favorisé des dons de la nature. Il s'en console en affectant de n'être mis comme personne : son chapeau est à larges bords ; son habit a le collet étroit si on les porte larges, large si on les porte étroits ; ses cheveux sont longs et en désordre ; sa cravate paraît lâche et chiffonnée ; il prend en tout la mode à rebrousse-poil. Si vous osiez lui dire : — « On parle de vous dans le monde ; chacun vous trouve souverainement ridicule... » il serait enchanté !

« Vous vous demandez pourquoi un ami d'enfance vous bat froid ; vous cherchez vainement la cause de son éloignement, car vous l'aimez, vous l'estimez, vous faites son éloge en toute occasion... vous avez même été assez heureux pour lui faire accepter votre bourse... Tout cela est vrai ; mais vous ne lui avez jamais demandé la sienne : il est votre obligé. A présent que vous connaissez où l'amour-propre le blesse, allez lui demander un service, vous redeviendrez amis.

« Et les femmes, combien ce fatal amour-propre les rend injustes ! Elles oublieront vingt compliments flatteurs pour ne se souvenir que d'une seule remarque sur le plus léger de leurs défauts... On prétend qu'il est impossible de vivre une minute entre deux femmes sans avoir blessé l'amour-propre de l'une d'elles au moins (1).

« Seul, parmi les passions, l'amour-propre est exempt des influences de l'âge : l'enfant, le vieillard en sont atteints au même degré. Mais il est aisé, avec eux, de se tirer d'affaire. Tous deux d'abord veulent être écoutés ; vieillissez l'un, rajeunissez l'autre, vous aurez trouvé la voie de leur cœur. — Regardez ce marmot, il marche nonchalamment, retenu par les lisières de sa nourrice ; dites-lui : — Oh ! comme il marche bien ! mais c'est un grand garçon ! — Et le voilà qui redresse la tête, son œil

(1) Le monde est rigoureux dans ses jugements ; il ne pardonne rien ; telle est son opinion sur les femmes ; il les croit vaines, frivoles, susceptibles, et cependant il les adule, il les encense. Quel fondement faut-il donc faire sur cette monnaie courante qu'on appelle compliment ?

brille, il vous regarde et lève en piaffant ses petits pieds. — A ce vieillard, dites qu'il a le teint frais, extasiez-vous sur sa démarche leste et jeune, vous rendrez à son sang la chaleur et l'activité qui le fuient. Cet enfant est bavard, écoutez-le : il vous ennuiera, mais vous apprendrez à le connaître ; et lorsque vous voudrez lui parler, à son tour, il saura vous écouter.

« Ce vieillard, qui ne peut plus rien apprendre, croit tout savoir ; il se rappelle tout, si près de tout oublier. Prêtez-lui l'oreille ; n'allez pas lui dire que vous connaissez l'histoire qu'il a commencé de raconter : autant vaudrait fermer la porte à un importun après qu'il aurait déjà ôté son chapeau. Cette époque de la vie est, d'ailleurs, si digne d'égards et de respect !...

« Évitons donc en tout de froisser l'amour-propre d'autrui et sachons maîtriser le nôtre ; car, en résultat, l'amour-propre n'est que l'orgueil honteux de ne pas mériter ce qu'il veut obtenir.

« On pourrait le comparer à une plante qui, cultivée par une main savante et dans un terrain fertile, produit les fruits les plus beaux et les meilleurs ; tandis que, dirigée par une main ignorante et dans un terrain ingrat, elle ne rend qu'un poison qui gâte et flétrit tout. »

VIE TRISTE ET INUTILE D'UNE FEMME MONDAINE.

« La vie d'une femme mondaine, dit le R. P. Huguet dans son excellent ouvrage des *Délassements permis aux personnes pieuses*, est une vie factice. La nature semble avoir perdu ses droits sur elle ; et, loin d'en sentir les charmes, il semble que son âme en ait perdu le goût, et qu'elle prenne à tâche d'échapper à ses influences et de renverser le plus qu'elle peut l'ordre qui la gouverne. Cet éloignement, ce dégoût de la nature, elle le porte partout, jusque dans l'arrangement de sa toilette, jusque dans la distribution de son temps. Elle fait du jour la nuit et de la nuit le jour, donnant au plaisir, le seul travail qu'elle connaisse, le temps destiné au repos, et arrachant aux heures bruyantes du jour un sommeil long et pénible que se disputent la fatigue de ses membres et les rêves de son imagination. »

« Pendant qu'elle se couchait, dit M. Sainte-Foi, l'humble fille de Saint-Benoît ou de Sainte-Thérèse quittait sa couche pour aller chanter les louanges du Seigneur et lui offrir les prémices d'une journée consacrée tout entière à sa gloire. Pendant qu'elle dort sous des rideaux épais qui lui dérobent la lumière du jour, la pieuse fille de Saint-Vincent de Paul sonde les replis de son cœur dans une oraison fervente, et allume au feu de l'amour la charité dont elle doit réchauffer pendant la journée les pauvres ou les malades confiés à ses soins. Quelle différence entre ces deux vies ! Et à voir ces deux femmes, qui pourrait penser qu'elles ont la même destination et le même but ? Celle-là se lève non reposée et réparée par le sommeil qu'elle vient de prendre, réveillée peut-être avant le temps par l'éclat d'une lumière importune, ou par les pas bruyants des artisans qui, après une demi-journée de travail et de peine, reviennent à la maison pour reprendre de nouvelles forces dans un repas frugal, mais relevé par les joies pures de la famille.

« C'est alors que commencent la journée d'une femme mondaine et la série des occupations frivoles qui doivent la remplir ; et c'est à peine si le temps qui lui reste jusqu'au soir suffit pour se préparer aux fêtes de la nuit qui va suivre, et pour donner à sa personne l'agrément et les charmes qui doivent l'y faire briller.

« Si ces femmes devaient passer sur la terre comme la fleur dont les parfums les charment, comme l'oiseau dont le chant les réjouit ; si après cette vie tout était fini pour elles ; si elles ne trouvaient à la mort que le néant et l'oubli, auraient-elles à changer quelque chose à leur conduite ? »

QUELQUES TRAVERS A ÉVITER.

Encore une citation et un long portrait ; non point cette fois pour que vous preniez modèle sur lui, mais, au contraire, afin de vous montrer sous tous leurs aspects les défauts et les ridicules que vous devez éviter comme maîtresse de maison et femme du monde. Je vous ai d'ailleurs offert dans cet ouvrage assez de bons exemples ; je vous en offre surtout un trop parfait dans les pages qui suivront celles-ci pour ne point devoir compléter ma pensée en vous présentant, dans un contraste bien marqué, les travers à éviter :

« Ce chapitre, dit l'auteur auquel nous empruntons ces lignes, sera entièrement consacré à dépeindre une femme avec tous les défauts rassemblés, afin d'avoir un modèle à éviter.

« D'abord, la femme qui parle toujours, agaçant moulin à paroles, qui porte sur les nerfs comme le bruit d'une crécelle.

« La femme jalouse ou envieuse; objet de craintes continuelles, sa jalousie la rend injuste, son injustice la rend méchante; tout l'inquiète, tout la tourmente; le moindre mal est interprété dans un sens défavorable; elle se rend malheureuse et rend plus malheureux encore tout ce qui l'entoure; c'est une créature sans pitié ni merci.

« La femme acariâtre, qui, lorsque sa beauté se flétrit, ou qu'elle dépasse les limites qu'elle aurait voulu fixer à la marche du temps, devient d'une humeur insupportable; pour elle, tout est laid, tout est mauvais, rien ne lui convient. Elle critique tout, et, à défaut de sujet de mauvaise humeur, elle se mettrait en colère contre elle-même.

« Il y a encore le bas-bleu, ou soi-disant artiste, qui ne parle que de ses poésies, de ses tableaux; elle traduit nos romanciers en vers latins; elle connaît tous les auteurs; elle a tout lu, tout dénigré. Seule elle a du talent et tous les talents réunis; il ne faut lui parler que d'elle et de son mérite littéraire; à l'entendre s'occuper de son ménage est mesquinerie, prendre soin de ses enfants, petitesse; à peine si l'on devrait savoir faire cuire un œuf dur; il est impossible de s'occuper des choses de la vie : c'est par trop positif.

« Sa toilette est excentrique comme son esprit. Elle se fait remarquer par son air empesé, par sa conversation mêlée de grands mots et de termes techniques ; c'est une palette où les couleurs sont jetées pêle-mêle et dont on ne peut tirer que le chaos !

« N'oublions pas la femme incomprise, gonflée de soupirs et de larmes, qui ne parle que de choses célestes, d'un monde meilleur, de sympathies, d'union des âmes et d'une foule d'autres belles choses sentimentales. Les affections vraies, dit-elle, n'existent pas sur la terre. Une rose fanée lui arrache des pleurs ; une feuille qui tombe est une âme qui s'envole ; le murmure d'un ruisseau, les plaintes d'un être qui pleure ! Elle mange à peine et ne boit que de l'eau limpide ; elle ne lit que des romans anglais ou des ballades allemandes. C'est un être qui se croit méconnu ici-bas, et qui sera toujours incompris.

« Gardez-vous bien de chercher à la comprendre, car votre tentative n'aboutirait qu'à vous prouver qu'on ne saurait vivre près d'elle un seul jour sans éprouver un ennui profond et un spleen incurable.

« Enfin, arrive avec son cortége de portières et de pies-borgnes la femme à cancans. — Et ne croyez pas qu'elle ne se trouve que dans les basses classes de la société ; hélas ! quel salon n'a pas la sienne ? — Tâchez de fuir au plus vite ! C'est l'être le plus dangereux de la création.

« Sur tout elle se prétend instruite de bonne source ; elle parle de monsieur un tel et de madame une telle avec de si minutieux détails qu'on s'y laisserait tromper. Elle s'en prend à tout le monde, fait brouiller les meilleurs amis, désunit les meilleurs ménages ; tout le monde la connaît, et cependant trop de gens la croient : l'intérêt et l'amour-propre mis en jeu rendent si crédules ! On lui en dit long comme le doigt, elle en dit long comme le bras, brode et commente à sa manière, connaît tout ce qui se dit, se passe et se fait dans son quartier. Vous vous croyez en tête-à-tête avec un ami dans le fond le plus reculé de votre appartement, je ne voudrais pas répondre qu'elle ne se soit glissée jusque derrière le paravent ; quand il s'agit d'épier et de surprendre, elle sait, je crois, se faire invisible. Dans tous les cas, elle possède, à coup sûr, le génie du mal ; elle vous fera couper la gorge avec votre frère, empêchera des mariages prêts à se conclure et sera l'inquiétude et le désespoir de toutes ses victimes ! Sa langue de vipère s'accroche aux plus petites causes pour produire de grands effets ; personnes et choses, rien n'est à l'abri de son effroyable venin. Il faut qu'elle parle à tout prix. Elle ne se nourrit que de calomnies qu'elle augmente et invente ; chez elle, à tout instant quelqu'un passe à la filière de sa dangereuse inquisition ; elle analyse les moindres paroles, interprète les moindres gestes, scrute les moindres regards, évente les moindres secrets. Elle abîme, torture, écrase, tue les réputations les mieux établies ; ses suppositions, elle les donne pour des certitudes, et tout cela quelquefois sans un grand fond de méchanceté, simplement par besoin de faire des cancans et de s'occuper d'autrui ; puis, quand le mal est fait, quand on sort de chez elle avec des soupçons et des haines, des illusions tombées, des espérances perdues, le front pâle et la mort dans l'âme, elle se frotte les mains avec satisfaction : — Quelle conversation intéressante ! se dit-elle à elle-même, et elle dort avec sa conscience parfaitement tranquille pour recommencer le lendemain sur de nouveaux frais.

« Après cet effrayant tableau, les autres défauts ne semblent guère mériter que le ridicule. Ainsi :

« De la femme fière et hautaine, le monde rit comme de la marquise de Carabas.

« La femme avare fait pitié.

« La gourmande fait rire.

« Et la paresseuse fait dormir... »

A ces esquisses je veux, ma chère enfant, en ajouter un autre :

La jeune fille qui oublie son âge et croit se faire intéressante en jouant à l'enfant, comme naguère elle jouait à la poupée. Écoutez-la ; elle ne parle ni comme vous, ni comme moi ; elle ne parle même pas comme elle parlait il y a quelques années. Mais, scindant ses syllabes comme un baby de quatre à cinq ans, elle cherche de petits mots bien gentils, croit-elle, et parfaitement ridicules au dire de tout le monde, et les bégaie du tout des lèvres et en minaudant. Elle ne marche pas, elle sautille ; elle porte la tête au vent ou tout à fait penchée sur une épaule, et croit toucher à la perfection quand elle peut jeter à la traverse de la conversation une question bien naïve, bien frivole ; elle répond à une demande sérieuse par un geste mutin. Peut-être tout cela eût-il été fort gentil à un autre âge ; mais à dix-huit ans, c'est comprendre étrangement la vie et les devoirs de la femme.

On dit que le modèle de ce type, fort rare à quinze ans, assez fréquent à dix-huit, nous vient d'outre-Manche ; si cela est, c'est un triste cadeau que nous ont fait les miss anglaises, si gracieuses et si jolies d'ordinaire.

..... Mais détournons vite nos regards des ridicules auxquels peut si aisément arriver la femme dès qu'elle oublie la simplicité, le naturel et la douceur, qui doivent être son caractère distinctif ; et hâtons-nous de reposer notre esprit du souvenir de tous ces travers en considérant ce que peuvent faire d'elle une éducation chrétienne et de nobles enseignements.

LA CHARITÉ DES FEMMES CHRÉTIENNES.

La femme chrétienne !... quel titre et quelle dignité !... La femme chrétienne ; ah ! qu'elle laisse loin derrière elle les types les plus admirés de l'antiquité ! Qu'elle est supérieure même à la femme forte de Salomon, ce magnifique portrait dicté au Sage par l'Esprit-Saint.

Mais sur ce sujet, je dépose la plume, ma chère enfant, ou plutôt je la cède à un pieux orateur, et je rapporte ici les éloquentes paroles prononcées naguère à une assemblée de charité :

« L'humanité souffrante, voilà le legs laissé aux femmes chrétiennes par un Dieu mourant sur la croix ! Les pauvres, voilà le domaine qui leur a été spécialement donné à cultiver ; terre trop souvent stérile, qui doit être fortifiée par tous les efforts de la charité pour produire au Maître de toutes choses, une abondante moisson. Quand je dis les pauvres, je n'entends pas seulement parler de ceux qui manquent des choses nécessaires à la vie matérielle.

« Non, il est d'autres pauvres, plus malheureux que ceux-là. Que de misères intellectuelles et morales la triste humanité recèle en son sein ! Que de plaies saignantes ! Quel vide dans les cœurs ! Quelle ignorance dans l'esprit ! Quels égarements dans la conduite ! Toutes ces pauvretés diverses forment la matière des bonnes œuvres qui appellent le secours de la charité. Tout cela vous tend les bras, à vous, femmes chrétiennes ; tous ces pauvres, pour renaître à la foi, à l'espérance, à la charité, à la vie, ne demandent de vous qu'un regard de compassion et d'amour !

« A vous surtout s'adresse cet immense cri de l'humanité souffrante qui s'élève d'un bout du monde à l'autre, demandant pitié et assistance, parce que c'est à la femme que le Créateur a départi plus particulièrement les qualités physiques et morales qui touchent, qui émeuvent, qui persuadent, qui consolent, qui convertissent. Il a donné aux femmes cette douceur de la voix qui s'insinue à travers les cœurs les plus endurcis ; cette attraction du regard, plus puissante que les plus éloquents discours ; cette finesse d'intelligence qui devine les secrets les plus cachés, et en même temps cette délicatesse de sentiments qui panse, sans les irriter, les plaies les plus douloureuses; il leur a donné cette sensibilité exquise qui les fait s'attendrir intimement aux peines d'autrui, et ce don des larmes qui fait qu'elles pleurent avec ceux qui pleurent.

« Il leur a donné encore cet instinct de miséricorde, ce besoin d'aimer qui s'épanche sur tout ce qui les entoure : amour si grand que Jésus-Christ lui-même, voulant prouver son immense tendresse pour Jérusalem, ne trouve rien de plus fort que de la comparer à l'amour d'une mère pour ses enfants. Enfin, il leur a donné cette persistance de volonté qui les rend aveugles sur les obstacles et finit par les faire triompher des barrières les plus insurmontables, justifiant ainsi ce proverbe populaire : « Ce que femme veut, Dieu le veut; » comme si Dieu lui-même, vaincu par tant de persévérance, se laissait faire une sainte violence.

« Voilà pourquoi les femmes en général, même celles qu'on ne peut appeler vraiment chrétiennes, poussées par cette organisation naturelle, sont compatissantes pour les malheureux et se dévouent avec empressement au soulagement de leurs semblables. Mais leur bienfaisance, quoi qu'elle fasse, n'atteint qu'une partie des besoins des pauvres; elle adoucit des peines temporaires et soulage des besoins physiques.

« Là ne se borne pas la mission de la femme chrétienne; son ambition va plus loin. Éclairer l'ignorance du pauvre, ranimer l'étincelle de la foi éteinte dans son cœur, lui faire comprendre et goûter les consolations de la religion : voilà la pensée qui l'occupe; c'est la sanctification, c'est le salut de cette âme qu'elle veut obtenir; c'est au ciel qu'elle lui montre le terme et le prix de ses souffrances. Certes, elle cherchera de tout son pouvoir à soulager sa misère physique; elle s'imposera des sacrifices pour le vêtir, le nourrir, le chauffer; elle tendra humblement la main pour pouvoir mieux soulager sa détresse, mais en même temps ses aumônes seront pour elle comme la clef qui lui ouvrira le cœur des infortunés, comme le levier qui enlèvera la pierre à l'entrée du sépulcre.

« Mais quand elle sera sur le seuil de ce cœur dont elle veut se rendre maîtresse, que fera-t-elle? N'hésitera-t-elle pas, elle ignorante, timide et faible, pour entreprendre cette difficile conquête.

« Non, elle puisera dans la religion et dans les exemples de Marie ces dispositions surnaturelles, ces sentiments plus élevés qui rendent invincible la charité de la femme chrétienne.

« Dans le pauvre qui implore sa pitié, la religion lui montre autre chose que les souffrances de l'humanité; sous l'enveloppe de cette misère, elle devine l'image de Dieu qui a dit: « Ce que vous ferez au moindre de mes frères, vous l'aurez fait à moi-même; » et alors, elle va à ces pauvres comme elle va à Dieu, avec la même humilité, la même foi, le même amour. Elle y va avec la conscience de sa propre faiblesse, qui sait qu'elle ne peut rien par elle-même; mais que pour mieux faire éclater sa puissance, Dieu emploie souvent les ouvriers les plus inhabiles quand il veut opérer de grandes choses.

« Elle lui dit avec Marie : — « Voici la servante du Seigneur ! » et si Dieu lui accorde le succès, elle lui en rapporte toute la gloire, répétant dans l'humilité de son cœur : « Mon âme glorifie le Seigneur, qui a regardé la bassesse de sa servante ; il a fait par moi de grandes choses, lui qui est tout-puissant !... »

« Mais si elle va au pauvre avec une entière abnégation d'elle-même, elle y va aussi avec la conviction de la force que Dieu a donnée à ceux qu'il a choisis pour ministres de ses volontés, avec une foi profonde dans le succès des œuvres qu'il inspire. Celui qui sous la baguette de Moïse fit jaillir du rocher des eaux vivifiantes, peut bien donner à nos faibles paroles la vertu de briser les cœurs et d'éclairer les intelligences.

« Elle va aux pauvres avec reconnaissance, parce que les pauvres nous ont été donnés par la Providence comme un moyen d'expiation, de sanctification; comme un avertissement contre les illusions du bonheur de ce monde. Elle va à eux avec foi, parce qu'il lui semble visiter Dieu lui-même dans son image souffrante et délaissée; avec amour, parce que c'est un bien grand bonheur pour le cœur qui aime vraiment Dieu, que de pouvoir soulager la douleur, et panser les plaies de Celui qui a dit : *J'ai eu faim et vous m'avez nourri; j'étais nu et vous m'avez vêtu; j'étais malade et vous m'avez visité.*

« Elle va au pauvre avec respect, parce qu'elle voit comme une auréole divine couronner le front de la misère et en quelque sorte toutes les souffrances de Jésus se refléter sur les haillons du pauvre. Ce n'est plus seulement un petit enfant au berceau, un orphelin abandonné, une jeune fille délaissée qu'elle assiste dans son enfance si pénible. Au lieu de ce vieillard malade et mourant sur un misérable grabat, c'est Jésus sur la croix dont elle panse les plaies, plus heureuse que Marie qui dut voir souffrir et mourir son divin Fils sans pouvoir soulager ses douleurs. C'est Jésus au tombeau, auquel, avec les saintes femmes, elle rend pieusement les derniers devoirs.

« ..... Allez donc ainsi au pauvre, femmes chrétiennes; allez-y avec tous ces sentiments de foi, d'amour, de joie et de respect; allez de la table sainte au réduit du pauvre; et votre œuvre sera bénie de Dieu, et d'ineffables consolations viendront récompenser votre zèle : vous verrez des prodiges, je dirai presque des miracles s'opérer à votre voix.

« Je n'ai fait qu'entrevoir ce que peut la charité de la femme chrétienne, et cependant que de merveilles opérées par cette charité je pourrais vous citer !

« Ici c'est une jeune fille déjà perdue par le souffle des passions et sur le bord de la tombe, que la prière et les soins d'une pieuse femme rappellent à la vie pour la vouer ensuite au repentir, à la pénitence et à la vertu ! Là, c'est un vieillard endurci dans l'impiété, qui se convertit à la voix d'une femme charitable, et meurt en la bénissant et en lui promettant de lui retenir une place dans la céleste patrie....

« Là, une sainte inspiration et quelques paroles dites au nom de Dieu suffisent pour ramener à la vertu, à la religion et changer en un modèle d'édification une femme née dans une condition élevée, mais tombée au dernier degré de la misère et de l'abrutissement.

« Ailleurs, c'est un protestant qui abjure ses erreurs, un père de famille qui revient à ses devoirs, oubliés depuis longtemps; partout elle voit des conversions subites, des retours sincères à Dieu; et certes, de pareils succès sont pour la femme chrétienne la plus douce récompense; car l'idée d'avoir sauvé une âme doit embellir toute une existence. Et puis comment ne pas revenir meilleur de cette visite du pauvre, où l'on vient de se sanctifier au contact de la misère.

« Meilleur, parce qu'on se livre avec plus de courage à ses devoirs, quand on voit quelle charge de peines et de labeurs Dieu impose à une grande partie de l'humanité. Meilleur, parce que le spectacle de l'infortune dégoûte des choses frivoles et mauvaises de ce monde; meilleur parce que dans la confiance d'avoir bien agi, on trouve la force de mieux agir encore; meilleur, parce que dans la demeure du pauvre on reçoit souvent de sublimes leçons de patience, de vertu et de foi.

« Oh! qu'il est beau de voir le pauvre bénir Dieu au milieu de sa détresse; accepter avec joie les tribulations de la vie et vivifier sa dévotion au milieu d'épreuves si bien faites pour conseiller le découragement et le désespoir. Comme notre âme, si souvent prête à défaillir et à murmurer, s'humilie devant ces grands modèles de résignation et de foi!

« Parlerai-je encore de ces trésors de grâces et de

bénédictions que la femme chrétienne amassera dans cette visite du pauvre pour elle, pour ses enfants, pour ceux qu'elle a aimés et qui ne sont plus?... Qu'elle doit être fervente la prière de celui à qui l'on a rendu la vie de l'âme et comme Dieu doit sourire à cette union touchante entre le pauvre et le riche! Comme il doit aimer à payer la dette de ce pauvre qui prie pour son bienfaiteur!

« O vous toutes, femmes chrétiennes, qui avez vu briser vos affections les plus chères, allez aux pauvres! A la vue de tout ce qu'ils endurent, votre douleur sera moins amère et vos peines y trouveront la seule distraction qui puisse leur convenir : celle de pouvoir alléger d'autres infortunes.

« .... Voulez-vous préparer et adoucir les derniers instants de la vie?... Allez aux pauvres. A ce moment suprême, où l'âme, se repliant sur elle-même, relit avec inquiétude les pages de sa vie écoulée, en retrouvant ses bonnes œuvres inscrites sur ce livre immortel dont bien souvent on voudrait arracher tant de feuillets, vous sentez une douce confiance calmer l'inquiétude de votre esprit : la confiance d'avoir bien rempli votre douce et sainte mission rendra doux et paisible votre sommeil; et vous apparaîtrez aux yeux du juge suprême, entourée du cortége de ces pauvres que vous avez secourus, de ces ignorants que vous avez instruits, de ces jeunes filles conservées à Dieu et de tant d'âmes égarées que vous aurez ramenées dans les sentiers de la vertu et de la religion, et pour vous la justice de Dieu sera facile.

« Enfin n'est-il pas consolant pour la femme chrétienne de penser que, par ses bonnes œuvres, elle peut conjurer la colère de Dieu, qui semble toujours prête à éclater sur nos têtes. Au milieu des inquiétudes du présent et des tristes prévisions de l'avenir, à vous femmes chrétiennes, à votre charité, à votre dévouement est réservée peut-être la gloire d'arrêter le bras qui tient la foudre suspendue.

« C'est en soignant le pauvre, en l'éclairant sur ses devoirs, en le prévenant contre toutes les erreurs et les déceptions avec lesquelles on veut l'égarer, que vous parviendrez à rendre le calme et la sécurité à la société ébranlée. »

UN ANGE DU BON DIEU.

Et maintenant que je vous ai retracé les avantages et la grandeur de la charité chrétienne, exercée par la femme, laissez-moi, mon enfant, vous montrer dans une rapide esquisse, le charme et les avantages d'une éducation chrétienne, et vous donner une idée des actions admirables réservées à la femme dans la famille.

L'instruction, vous ai-je répété plusieurs fois, ma chère enfant, quand elle est sagement dirigée par une prudente et chrétienne éducation, est bonne à tous; utile à toutes les occasions, elle présente une ressource contre l'envie, la frivolité, les éblouissements de l'orgueil, les funestes conseils du désœuvrement; au sein de la puissance et de la fortune, elle donne une valeur personnelle au prestige du rang et de la richesse; dans une position médiocre, outre les ressources qu'elle peut procurer, elle offre plus d'une consolation contre l'infortune, elle élève l'intelligence, fortifie le courage et dirige le dévouement.

Laissez-moi terminer ce volume, consacré à vous faire connaître en quoi consiste justement ce mélange précieux d'instruction et d'éducation qui constitue le bon ton véritable, en offrant à votre admiration, à vos méditations surtout, la simple histoire d'une noble femme, dont la vie de dévouement, de générosité, ne saurait être assez comprise et assez appréciée.

I

C'était le 26 juillet 1831. Bien avant l'aurore, la baronne du Penhoer, déjà levée et active, dirigeait de nombreux et bruyants préparatifs, et il était facile de comprendre que tout ce mouvement avait pour but une fête chère à tous les cœurs; l'empressement des servantes, la douce émotion qui se peignait dans le regard si franc et si bon de la châtelaine, le disaient suffisamment. Une grande joie, en effet, était réservée ce jour-là à la noble et pieuse femme : Anna, sa fille bien-aimée, devait, après plusieurs années d'absence, rentrer auprès d'elle. Eh! quelle solennité pour une mère que de célébrer en une même journée, la fête de son enfant chérie et son retour définitif auprès d'elle !

L'*Angelus* avait à peine sonné à la cloche du village, et l'heureuse mère comptait déjà les minutes. Pour dérober à tous les regards, pour se cacher à elle-même l'impatience presque enfantine qui l'agitait, elle cherchait un prétexte à son empressement, elle n'osait se plaindre que le temps lui semblait long, et elle disait que le soleil de juillet était bien chaud et qu'il eût été prudent au baron en arrivant, avant son lever, de n'y point exposer Anna ; ensuite elle ajoutait tout bas : Pourvu, mon Dieu ! qu'elle vienne assez tôt pour que je puisse la voir, l'admirer, l'embrasser tout à l'aise avant que nos invités n'arrivent !

Cependant, le vieux serviteur ramenait à la maîtresse qu'il avait vue naître la belle jeune fille dont il avait si souvent bercé l'enfance, et, comprenant d'instinct l'impatience de la mère et de la fille, il pressait la marche de ses bons chevaux de telle façon que, pendant une courte halte, M. du Penhoer remarqua en souriant que jamais cocher breton n'avait aussi habilement défié les difficultés de la route. Yvon regarda Anna, et la jeune fille lui tendit la main : Merci ! lui dit-elle avec effusion. Ce simple mot fit passer un éclair de joie et de reconnaissance sur le visage bronzé du vieux Breton. Il murmura : « Belle comme les anges du ciel, et bonne...bonne comme sa mère ! »

Yvon avait raison : Anna du Penhoer était une ravissante jeune fille de seize ans ; mais ce qui charmait surtout en elle, ce qui faisait si admirablement ressortir la pureté de ses traits, la majesté de sa taille fine et élancée, la beauté de son teint, c'était l'expression de douceur, de bonté angélique, de modestie charmante répandue sur toute sa personne; c'étaient surtout le naturel et la simplicité de sa parole, de ses mouvements, de ses moindres gestes. Mais ce qu'Yvon ignorait, c'est qu'à ces dons de Dieu et à l'éducation noble et chrétienne qu'elle avait reçue à Penhoer, Anna joignait le trésor précieux d'une instruction réelle, sagement dirigée par les Dames du Sacré-Cœur de Quimper, auprès desquelles elle venait de passer quatre années de travail, de calme et de bonheur.

Quiconque connaissait la vie du manoir pouvait se demander : « Cette instruction est-elle un bien..... Que fera cette jeune fille des besoins intellectuels que lui a créés son éducation, dans un intérieur où, sauf la lecture journalière de la *Quotidienne* et de quelque antique ouvrage de piété, un livre ne pénètre jamais. A quoi lui serviront ces arts d'agrément étudiés à grands frais, et incompatibles, assurément, avec la vie de femme de ménage qu'elle devra partager avec sa mère ? »

Si les prudentes institutrices d'Anna avaient entendu ces objections que se faisaient à plaisir les voisins de M. du Penhoer, elles auraient répondu : Les vertus domestiques ont été assignées à la femme comme le premier, le plus indispensable de ses devoirs ; or, quel est le but de l'instruction, si ce n'est, en élevant le cœur, en élargissant la pensée, de rendre l'intelligence qui la reçoit plus parfaite, plus capable de marcher dans la voie parfois si difficile du bien? L'instruction est donc bonne à tout, et si, à la jeune fille destinée à vivre dans un monde bruyant, elle procure le moyen de briller et de plaire, elle saura charmer la solitude d'une vie retirée et paisible; elle sera alors plus utile encore, elle évitera cette *oisiveté de l'esprit* qui, plus que l'oisiveté matérielle, est le mobile de bien des fautes, la pierre d'achoppement où sont venues se briser tant de bonnes résolutions, tant de vertus naissantes... Mais ce n'est pas l'apologie de l'instruction que je vous ai promise; je vous ai annoncé une nouvelle. Il est temps que je revienne à mon récit.

Anna est enfin dans les bras de sa mère, toute la famille l'entoure, les serviteurs se pressent auprès d'elle, des pleurs sont dans tous les yeux, l'admiration sur toutes les lèvres; bientôt les amis, et ils sont nombreux dans la fidèle Bretagne, se mêlent à cette joie domestique, prélude assuré d'une journée de vrais et purs plaisirs. Cependant le cœur de la jeune fille semble oppressé, son sourire, si expansif et si joyeux le matin, est plus froid, son front plus sérieux. Accoutumée au calme paisible de sa retraite, ce bruit d'une fête bretonne l'étourdit; oh! qu'elle eût préféré une douce causerie, seule avec les siens, sous ce berceau de chèvrefeuille où elle reçut ses premières leçons, et qui est demeuré toujours si cher à sa pensée.

Disons-le aussi, ce premier coup d'œil jeté rapidement sur le monde où elle est destinée à passer sa vie, est loin peut-être de répondre aux rêves de son imagination. Des cœurs nobles et francs, des âmes sincères se révèlent bien à elle dans tous ses vieux amis qui l'entourent; mais si le fond est parfait, l'enveloppe est parfois sévère et un peu rude. Certes, il y a loin de ces interminables récits de chasses, de ces discussions politiques, un peu âpres, aux douces causeries de ses compagnes, aux rêveries littéraires d'une imagination de seize ans.

II

Ainsi est faite la vie. Une déception accompagne chaque pas dans le monde; Anna devait en faire rapidement l'expérience. Élevée avec des jeunes filles riches, elle avait entrevu une vie facile, somptueuse; dès le lendemain de son arrivée, elle se trouvait en présence de devoirs minutieux à remplir, et si l'abondance régnait autour d'elle, du moins peu de chose était accordé à ce confortable moderne, dont les quatre années passées loin de sa famille lui avaient révélé l'existence.

Mais, grâce à Dieu, si Anna avait beaucoup étudié au couvent, elle avait surtout soigneusement mis à profit les sages leçons de ses maîtresses; elle savait que le véritable bonheur repose dans l'amour de la famille, et elle était prête à faire avec joie abnégation de tous ses goûts. — D'ailleurs, une nature vraiment supérieure trouve de la poésie partout, et si la jeune fille ne pouvait plus demander aux touches mélodieuses d'un piano d'exprimer les sentiments de son âme, n'avait-elle pas les vieilles ballades bretonnes, si riches de véritable poésie? Si la bibliothèque du couvent lui était fermée, n'avait-elle pas ces quelques volumes de choix, réunis par la sollicitude de ses dignes maîtresses, livres précieux qu'on ne saurait se lasser de parcourir et de méditer? Si ces merveilleux ouvrages dans l'exécution desquels les doigts habiles des jeunes filles créent des chefs-d'œuvre de goût, ne peuvent trouver place sur sa petite table, n'y a-t-il pas, en revanche, dans le voisinage, des pauvres et des enfants à vêtir, une église à orner?

Avec de tels sentiments, mademoiselle du Penhoer devait bientôt devenir la providence de la paroisse, la joie et l'orgueil de sa famille. Le jugement du vieil Yvon avait été une véritable prophétie : elle était bien vraiment aussi bonne que belle, et lorsque, par le vent et le brouillard, les passants la rencontraient à une lieue quelquefois du manoir, sur la route d'une chaumière qu'habitait la maladie ou le malheur, après s'être découverts avec respect, et l'avoir saluée par un vœu de bonheur, ils s'arrêtaient longtemps, et en la perdant de vue au détour du sentier : — C'est un ange du bon Dieu, se disaient-ils.

L'étranger, en s'asseyant à la table hospitalière du manoir, était tout d'abord frappé de la grâce modeste et noble de la jeune fille ; mais la conversation était-elle amenée par lui sur les arts, sur la civilisation moderne; sur l'histoire même, grand était son étonnement en voyant sur un signe de son père, Anna rompre le modeste silence qu'elle avait gardé jusque-là, et faire les honneurs de la conversation avec autant d'aisance, de simplicité, que madame du Penhoer en avait mis à faire les honneurs de sa maison. Il admirait surtout le tact parfait avec lequel elle savait ramener la pensée vers la Bretagne, ses mœurs, ses antiquités nationales, sa fidélité à toute épreuve, et se décharger ainsi au profit de son père du soin d'intéresser l'étranger. Celui-ci, en quittant le manoir, souhaitait à la belle jeune fille un époux digne d'elle. En recueillant ce vœu, monsieur et madame du Penhoer ne pouvaient maîtriser un soupir. Anna n'avait pas de fortune, et sans dot un mariage convenable est rarement possible.

Mademoiselle du Penhoer ne partageait pas ce regret de ses parents; elle avait compris sa position, et s'y était résignée avant même que de folles espérances se fussent glissées dans son âme. Bientôt même, ce désintéressement avait donné naissance à une extension de devoirs et par conséquent à des joies nouvelles. Cette tendresse, qu'elle ne devait point réserver à une famille qui lui appartient en propre, elle l'avait répandue sur ses jeunes frères, qui grandissaient autour d'elle, et pour lesquels elle était ainsi devenue une seconde mère. En se voyant si parfaitement heureuse, en se sentant si réellement utile, si Anna déplorait quelquefois le manque de fortune de son père, c'était lorsqu'elle ne pouvait à son gré soulager le malheur, ou lorsqu'en jetant un regard d'affectueuse sollicitude sur ses quatre frères, elle se demandait comment ils soutiendraient dans le monde l'antique noblesse de leurs pères. Alors, son âme, inaccessible à l'intérêt personnel, se sentait triste et abattue. L'avenir l'effrayait; elle eût voulu arrêter la marche du temps et empêcher ces heureux enfants de devenir des hommes. Mais bientôt, éloignant d'elle toute faiblesse, elle songeait que le talent peut, pour un homme surtout, suppléer à la fortune, et elle s'efforçait, d'une part, à bien faire pénétrer cette idée dans le cœur de ses frères; d'autre part, à obtenir de monsieur du Penhoer un surcroît de sacrifices au prix d'un surcroît de privations, afin que rien ne fût négligé pour leur éducation. Grâce à son actif concours dans le ménage, grâce à ses ingénieux expédients, l'ordre, l'économie, justement admirés de madame du Penhoer, étaient en quelque sorte doublés. Jamais l'hospitalité n'avait été mieux entendue, jamais la table n'avait étalé un service plus confortable, plus abondant, et jamais cependant les dépenses n'avaient été aussi restreintes: — Notre Anna fait des miracles! affirmait madame du Penhoer, et les détracteurs de l'instruction chez les femmes étaient obligés eux-mêmes d'avouer que, cette fois du moins, le savoir n'avait pas détruit les qualités domestiques.

III

Depuis le moment où a commencé cette histoire, vingt-quatre années se sont écoulées, et, si mademoiselle du Penhoer a passé l'âge où le monde encense et adule une belle jeune fille, elle n'en est pas moins encore, comme elle le sera toujours, l'ange du foyer domestique, la providence de la paroisse. La bonté n'a pas d'âge, le dévouement de la femme ne vieillit pas, et si quelques esprits grondeurs ont fait de ce qu'ils appellent *une vieille fille* un type de méchanceté acariâtre et envieux, c'est qu'au lieu de prendre leur modèle au sein des familles chrétiennes, ils sont allés le chercher parmi des femmes qui, ayant mis toutes leurs espérances, toutes leurs affections, dans les joies du monde, n'ont pu pardonner à la *société* de les délaisser quand leur jeunesse s'est flétrie, et ont alors cherché à lui rendre en haine et en jalousie les déceptions qu'elles en avaient reçues.

Anna du Penhoer bénit chaque jour le ciel qui, après l'avoir privée du bonheur de se voir renaître dans des enfants chéris, a cependant assuré à sa vie toutes les joies, toutes les consolations de la maternité. N'est-ce pas à elle, en effet, autant qu'à madame du Penhoer, morte d'ailleurs depuis bien des années, que ses frères doivent l'impulsion qui a été donnée à leurs études et à leurs principes ? et ne peut-elle, en contemplant leurs succès et leur bonheur, s'applaudir de son propre ouvrage ? Nous en avons connu un parmi eux, le plus jeune et le privilégié d'Anna. Envoyé bien loin de sa famille pour s'y créer une position, auprès d'un parent éloigné, le jeune homme, sans guide et sans conseil, au milieu d'une famille peu chrétienne, avait besoin d'une grande énergie et d'une continuelle surveillance sur lui-même pour conserver purs et intacts les principes austères de son éducation. Lui-même s'étonnait d'une fermeté qu'il ne se connaissait pas, et il ne pouvait l'expliquer que par les prières de sa mère et l'influence de sa sœur. — « A chaque occasion de faiblir qui se présente, disait-il souvent, je la vois penchée vers moi avec son doux sourire, je l'entends me parler de Dieu, de l'honneur, du courage, comme elle le faisait à Penhoer, et il me semble que son bras me soutient, que sa voix me fortifie. »

Un autre de ses frères, moins pénétré de ses leçons touchantes, s'est laissé entraîner à quelques-unes de ces fautes légères si fréquentes dans le monde, mais que l'austère vertu de M. du Penhoer n'eût point excusées. Une rupture entre le jeune homme et sa famille était imminente, et Dieu seul sait jusqu'où serait tombé alors ce malheureux enfant abandonné des siens et livré sans défense aux conseils et aux entraînements de faux amis. Mais Anna était là : son cœur devina, sous les expressions embarrassées des lettres de son frère, une pénible souffrance ; elle comprit qu'un mal secret s'était glissé dans ce pauvre cœur, et, avec tout le tact que peuvent inspirer la tendresse et la charité, elle sollicita une explication et obtint un aveu. Dès lors, tout danger fut passé; intermédiaire prudente et zélée entre le père et le fils, elle obtint le paiement de quelques dettes et le retour momentané de l'enfant prodigue, auquel elle parvint ensuite à procurer une position entourée de moins de dangers.

Que d'autres faits nous pourrions citer, si nous n'espérions pas avoir suffisamment fait connaître à nos lectrices la vie et le caractère d'Anna du Penhoer, si nous ne leur avions surtout montré tout ce que les vieux manoirs de Bretagne abritent, sous leurs ombres séculaires, de dévouements ignorés, de vertus nobles et sublimes! Souvenirs et traditions d'un autre âge que, grâce au ciel, on ne retrouve pas seulement dans la vieille Armorique, mais que nous admirons partout où se sont conservés l'esprit de foi et les pratiques religieuses, qui, seuls, donnent le bonheur et assurent l'union et l'avenir de la famille.

FIN.

TABLE DES MATIÈRES.

TROISIÈME PARTIE.

CONCLUSION.

QUATRIÈME PARTIE.

FIN DE LA TABLE.

4677-78 — CORBEIL, typ. et stér. de CRÉTÉ.

www.ingramcontent.com/pod-product-compliance
Ingram Content Group UK Ltd.
Pitfield, Milton Keynes, MK11 3LW, UK
UKHW012201240726
13966UKWH00002B/496

9 782011 950383